黄怡 杨露⊙著

身边的法律顾问

SHENBIAN DE
FALÜ GUWEN

知识产权出版社
全国百佳图书出版单位
—北京—

图书在版编目（CIP）数据

身边的法律顾问 / 黄怡，杨露著 . —北京：知识产权出版社，2021.1
ISBN 978-7-5130-7396-7

Ⅰ. ①身… Ⅱ. ①黄… ②杨… Ⅲ. ①民法—法典—案例—中国 Ⅳ. ①D923.05

中国版本图书馆 CIP 数据核字（2021）第 016937 号

责任编辑：彭小华	责任校对：王　岩
封面设计：刘　伟	责任印制：孙婷婷

身边的法律顾问
黄怡　杨露　著

出版发行：	知识产权出版社 有限责任公司	网　　址：	http://www.ipph.cn
社　　址：	北京市海淀区气象路 50 号院	邮　　编：	100081
责编电话：	010-82000860 转 8115	责编邮箱：	huapxh@sina.com
发行电话：	010-82000860 转 8101/8102	发行传真：	010-82000893/82005070/82000270
印　　刷：	三河市国英印务有限公司	经　　销：	各大网上书店、新华书店及相关专业书店
开　　本：	880mm×1230mm　1/32	印　　张：	7.75
版　　次：	2021 年 1 月第 1 版	印　　次：	2021 年 1 月第 1 次印刷
字　　数：	214 千字	定　　价：	58.00 元

ISBN 978-7-5130-7396-7

出版权专有　侵权必究
如有印装质量问题，本社负责调换。

序 PREFACE

  法律离我们的生活到底有多远？源于一次和同事偶然的交谈，我一直在思考并尝试回答这个问题。

  在 2019 年一次平常不过的公司晚餐上，一位同事向我咨询与遗产继承相关的法律问题。他说，由于遗产分配意见不一，亲戚间已经产生了嫌隙，大家希望他拿个主意，促使遗产分配达到合法、合理、合情的效果，亲戚之间也能够和睦相处。这是一个简单的法律问题，解答之后，我问，你为什么不自己看看《中华人民共和国继承法》呢？他答，工作挺忙，而且法律条文比较晦涩，内容繁复，偶尔看看也不知道自己理解是否有误。

  我从华东政法大学毕业从事律师工作将近 10 年，之后调入国网福建省电力有限公司，担任公司首席法律顾问也有 17 年，30 年的职业生涯，长期从事公司法务工作，关注的都是商务合同谈判、诉讼仲裁、企业改制重组、合规风险防范等与公司业务相关的法律问题，纵然开展普法教育，也从未开展过与员工生活息息相关的法律宣传。

  受这件小事的触动，我忽然萌生一个想法，如果用通俗的语言解释与日常生活相关的法律条文，给员工提供一些生活法律常识，不也是很好的普法吗？于是，我利用业余时间，分专题仔细推敲整理了 200 多个与日常生活相关的常见问题，与合作律师依据法律规定逐一用小案例形式进行解释，并就此辑编成书，书名就叫《身边的法律顾问》。

  也许有人会说，我老实本分做人，公检法和我一点关系都没有，我不需要法律。法律的功能是定分止争，通俗地说是解决纠纷，而解决纠纷的通常方式就是诉讼，因而学习法律是法律职业人的事。

那么，不是法律职业人真的不需要法律吗？答案是否定的。可以毫不夸张地说，法律离我们其实很近很近，甚至就在你我看得见、摸得着的身边。比如一个老实本分的人，也许会因自己借给朋友的车发生车祸而被告到法院；也许会因为经商的亲戚提供了抵押担保被法院拍卖房产；也许会因自家阳台花盆掉落砸伤路人被公安机关调查；还有，兴高采烈地买了精装房，交房的时候发现和样板房差太远；遇到通宵打牌、半夜喧哗的邻居而无法入眠；诚心诚意地宴请远方来的朋友，却因食品卫生问题导致朋友被送医；放松心情出门旅游，却被导游带去购物，合同约定的观光景点过而不入……诸如此类的事情不可避免地随时随地都在发生，即使是谨小慎微的人，似乎也不能完全排除"麻烦"，不得不为自己讨个说法。而排除"麻烦"、讨要说法的武器，就是法律。毋庸置疑，在现代生活中，法律对于每个人来说，都是至关重要的。

本书编写之初，公司的常年法律顾问李平律师，不吝将他的助手、热心为社会弱势群体提供法律援助服务的"85后"年轻女律师杨露介绍给我，让其承担了本书大量的司法案例查询编撰等基础工作。本书中所介绍的小案例，都是身边同事、朋友日常向我咨询涉及的问题。大部分的案例在司法实践中都有相应的判决。编写过程中，又恰逢第十三届全国人民代表大会第三次会议表决通过了《中华人民共和国民法典》（以下简称《民法典》）。这部将对人们生活产生深远影响、被称为"社会生活百科全书"的《民法典》于2021年1月1日起正式施行，诸如"自甘风险""自助行为""继承权宽宥""居住权""隐私权"等与普通民众生活息息相关的最新规定，本书都尽量予以吸收。同时为了便于阅读和理解，对《民法典》个别尚未查询到司法判决的新设规范，也都根据法条规定编写了相关案例。2020年年末，最高人民法院发布了与民法典配套的司法解释，于2021年1月1日与民法典同步施行，为确保引用依据的准确性，

序

再次对本书进行了梳理。得益于作者的共同努力,终使本书如愿编著完成。

生活总离不开衣食住行,一些看似平常的事,一旦与法律联系起来,便有了不寻常的意义。法律面前人人平等,小事情也可能触犯法律,任何人、任何事即便是毫不起眼的小事,都没有也不允许有置身法外乃至凌驾于法律之上的权利。希望本书对读者看待和处理身边日常生活琐事有所启迪,并借此相携在法治建设道路上一并前行。

本书编著过程中,林新、郑晶、范芸芸、张蕴四位同事参与了初稿和修改稿的核稿工作,在此表示感谢。

黄 怡
2021 年元旦

本书法律法规及司法解释

全称	简称
一、国际公约	
《统一国际航空运输某些规则的公约》	《蒙特利尔公约》
二、法律	
《中华人民共和国民法典》	《民法典》
《中华人民共和国刑法》	《刑法》
《中华人民共和国劳动法》	《劳动法》
《中华人民共和国道路交通安全法》	《道路交通安全法》
《中华人民共和国消费者权益保护法》	《消费者权益保护法》
《中华人民共和国食品安全法》	《食品安全法》
《中华人民共和国旅游法》	《旅游法》
《中华人民共和国公司法》	《公司法》
《中华人民共和国信托法》	《信托法》
《中华人民共和国劳动合同法》	《劳动合同法》
《中华人民共和国妇女权益保障法》	《妇女权益保障法》
《中华人民共和国社会保险法》	《社会保险法》
《中华人民共和国著作权法》	《著作权法》
《中华人民共和国商标法》	《商标法》
《中华人民共和国专利法》	《专利法》
《中华人民共和国老年人权益保障法》	《老年人权益保障法》

续表

全称	简称
《中华人民共和国治安管理处罚法》	《治安管理处罚法》
《中华人民共和国劳动争议调解仲裁法》	《劳动争议调解仲裁法》
《中华人民共和国税收征收管理法》	《税收征收管理法》
《中华人民共和国野生动物保护法》	《野生动物保护法》
《中华人民共和国枪支管理法》	《枪支管理法》
《中华人民共和国民事诉讼法》	《民事诉讼法》
《中华人民共和国土地管理法》	《土地管理法》
《中华人民共和国刑法修正案（十一）》	《刑法修正案（十一）》
三、行政法规	
《中华人民共和国道路交通安全法实施条例》国务院令第687号	《道交法实施条例》
《机动车交通事故责任强制保险条例》国务院令第709号	《机动车交强险条例》
《失业保险条例》国务院令第258号	《失业保险条例》
《工伤保险条例》国务院令第586号	《工伤保险条例》
《女职工劳动保护特别规定》国务院令第619号	《女职工保护规定》
《中华人民共和国进出境动植物检疫法实施条例》国务院令〔1996〕第206号	《动植物检疫法实施条例》
《中华人民共和国邮政法实施细则》国务院令〔1990〕第65号	《邮政法实施细则》
《社会保险费征缴暂行条例》国务院令〔2019〕710号	《社保征缴条例》
《中国公民收养子女登记办法（2019修订）》国务院令第709号	《收养子女登记办法》

续表

全称	简称
《中华人民共和国发票管理办法（2019修订）》国务院令第709号	《发票管理办法》
《证券公司监督管理条例》国务院令第653号	《证券公司监督管理条例》
《证券、期货投资咨询管理暂行办法》证委发〔1997〕96号	《证券、期货投资咨询管理暂行办法》
四、部门规章	
《国家工商行政管理局关于禁止侵犯商业秘密行为的若干规定》国家工商行政管理局令第86号	《商业秘密规定》
《中国民用航空旅客、行李国际运输规则》中国民用航空总局令第70号	《国际运输规则》
《国内航空运输承运人赔偿责任限额规定》中国民用航空总局令第164号	《赔偿责任限额规定》
《中华人民共和国发票管理办法实施细则（2019修正）》国家税务总局令第48号	《发票管理办法实施细则》
《经济适用住房管理办法》建住房〔2007〕258号	《经适房管理办法》
《住房和城乡建设部关于加强经济适用住房管理有关问题的通知》建保〔2010〕59号	《经适房管理通知》
《实施〈中华人民共和国社会保险法〉若干规定》人力资源和社会保障部令第13号	《实施保险法规定》
《劳动部关于发布〈企业职工生育保险试行办法〉的通知》劳部发〔1994〕504号	《生育保险试行办法》
《禁止价格欺诈行为的规定》国家发展计划委员会令第15号	《禁止价格欺诈规定》
《网络借贷信息中介机构业务活动管理暂行办法》中国银行业监督管理委员会、工业和信息化部、公安部、国家互联网信息办公室令2016年第1号	《网络借贷信息中介管理办法》

续表

全称	简称
《机动车登记规定》公安部令第 124 号	《机动车登记规定》
《商品房销售管理办法》建设部令〔第 88 号〕	《商品房销售办法》
《旅行社条例实施细则》国家旅游局令第 42 号	《旅行社条例细则》
《中国银保监会信托公司行政许可事项实施办法》中国银行保险监督管理委员会令 2020 年第 12 号	《信托公司行政许可办法》
五、地方性法规	
《福建省物业管理条例》	《福建物业条例》
六、规范性文件	
《国务院办公厅关于加强土地转让管理严禁炒卖土地的通知》国办发〔1999〕第 39 号	《严禁炒卖土地通知》
《国务院办公厅关于严格执行有关农村集体建设用地法律和政策的通知》国办发〔2007〕71 号	《执行农村建设用地法律和政策通知》
《劳动和社会保障部关于确立劳动关系有关事项的通知》劳社部发〔2005〕12 号	《确立劳动关系通知》
《公安部关于印发〈仿真枪认定标准〉的通知》公通字〔2008〕8 号	《仿真枪认定标准通知》
《关于清理整顿违法从事证券业务活动的意见》中国证券监督管理委员会公告〔2015〕19 号	《清理违法证券业务意见》
《中国人民银行等十部门关于促进互联网金融健康发展的指导意见》银发〔2015〕221 号	《互联网金融健康发展意见》
《中华人民共和国国家发展和改革委员会等八部门关于应对新冠肺炎疫情进一步帮扶服务业小微企业和个体工商户缓解房屋租金压力的指导意见》发改投资规〔2020〕734 号	《应对疫情缓解房租压力意见》

续表

全称	简称
《公安部关于父母离婚后子女姓名变更有关问题的批复》公治〔2002〕74号	《离婚后子女姓名变更批复》
七、司法解释	
《最高人民法院关于审理商品房买卖合同纠纷案件适用法律若干问题的解释（2020修正）》	《审理商品房买卖合同案件解释》
《最高人民法院关于审理买卖合同纠纷案件适用法律问题的解释（2020修正）》	《审理买卖合同案件解释》
《最高人民法院关于适用〈中华人民共和国公司法〉若干问题的规定（三）（2020修正）》	《适用公司法规定（三）》
《最高人民法院关于审理民间借贷案件适用法律若干问题的规定（2020第二次修正）》	《审理民间借贷案件规定》
《最高人民法院、最高人民检察院、公安部、司法部关于办理"套路贷"刑事案件若干问题的意见》	《办理"套路贷"案件意见》
《最高人民法院关于审理劳动争议案件适用法律若干问题的解释（一）》	《审理劳动争议案件解释（一）》
最高人民法院关于审理劳动争议案件适用法律若干问题的解释（三）	《审理劳动争议案件解释（三）》
最高人民法院关于审理劳动争议案件适用法律若干问题的解释（四）	《审理劳动争议案件解释（四）》
《最高人民法院关于审理侵犯专利权纠纷案件应用法律若干问题的解释》	《审理专利权纠纷案件解释》
《最高人民法院、最高人民检察院、公安部、司法部印发〈关于依法惩治拐卖妇女儿童犯罪的意见〉的通知》	《惩治拐卖妇女儿童意见》
《最高人民法院关于依法妥善审理涉新冠肺炎疫情民事案件若干问题的指导意见（二）》	《审理涉新冠肺炎案件意见（二）》

续表

全称	简称
《最高人民法院关于审理侵犯商业秘密民事案件适用法律若干问题的规定》	《审理商业秘密案件规定》
《最高人民法院关于审理建筑物区分所有权纠纷案件适用法律若干问题的解释（2020修正）》	《审理建筑物区分所有权案件解释》
《最高人民法院关于审理城镇房屋租赁合同纠纷案件具体应用法律若干问题的解释（2020修正）》	《审理城镇房屋租赁合同案件解释》
《最高人民法院、最高人民检察院、公安部关于办理醉酒驾驶机动车刑事案件适用法律若干问题的意见》	《办理醉驾案件意见》
《最高人民法院关于审理道路交通事故损害赔偿案件适用法律若干问题的解释（2020修正）》	《审理交通事故赔偿案件解释》
《最高人民法院关于人民法院办理执行异议和复议案件若干问题的规定（2020修正）》	《办理执行异议和复议案件规定》
《最高人民法院关于适用〈中华人民共和国保险法〉若干问题的解释（二）（2020修正）》	《保险法解释（二）》
《最高人民法院关于适用〈中华人民共和国民事诉讼法〉的解释（2020修正）》	《民事诉讼法解释》
《最高人民法院关于适用〈中华人民共和国民事诉讼法〉若干问题的意见》	《民事诉讼法意见》
《最高人民法院关于适用〈中华人民共和国民法典〉婚姻家庭编的解释（一）》	《婚姻家庭编解释（一）》
《最高人民法院关于适用〈中华人民共和国民法典〉继承编的解释（一）》	《继承编解释（一）》
八、其他	
《车辆驾驶人员血液、呼气酒精含量阈值与检验》GB19522—2010	《酒精含量阈值与检验》

目录 CONTENTS

第一章 房屋

一、房屋买卖 …………………………………………………… 3
  （一）一手房买卖 …………………………………………… 3
    1. 能否以签订房屋买卖合同作为借贷合同的担保？ ……… 3
    2. 交了定金为何不能双倍返还？ …………………………… 3
    3. 商品房的"五证两书"是什么？ ………………………… 4
    4. 商品房交付情况与广告描述不符，怎么办？ …………… 4
    5. 商品房实际面积与合同约定不符怎么办？ ……………… 5
    6. 如何防范精装房变成"惊吓房"？ ……………………… 6
    7. 开发商逾期交房怎么办？ ………………………………… 6
    8. 开发商能否将绿地改为车位出售？ ……………………… 7
    9. 借名买房有什么风险？ …………………………………… 7
  （二）二手房买卖 …………………………………………… 8
    10. 房东迟迟不配合过户怎么办？ ………………………… 8
    11. 房东拒绝迁出户口如何处理？ ………………………… 9
    12. 遭遇"一房二卖"怎么办？ …………………………… 9
    13. 买卖双方产生纠纷，房产中介的责任应当如何
        认定？ ………………………………………………… 10
    14. "阴阳合同"真的能避税吗？ ………………………… 11
    15. 房东隐瞒房屋情况怎么办？ …………………………… 11
  （三）其他房屋买卖 ………………………………………… 12
    16. 有了居住权制度后，租房可以取得居住权吗？ ……… 12
    17. 农村的房屋可以买卖吗？ ……………………………… 13

18. 购买小产权房有没有风险? ……………………………… 13
19. 骗购经济适用房有什么后果? …………………………… 14
20. 经济适用房可以出租吗? ………………………………… 14

二、小区物业管理 ……………………………………………… 15
21. 小区电梯广告收益归谁所有? …………………………… 15
22. 小区车位都是业主的吗? ………………………………… 16
23. 家中被盗,能否拒绝缴纳物业费? ……………………… 16
24. 业主委员会和业主有什么关系? ………………………… 17
25. 屋顶漏水,可以用专项维修资金来维修吗? …………… 17
26. 高空抛物致人损害,所有住户都要承担连带赔偿
    责任吗? …………………………………………………… 18
27. 业主对建筑物专有部分行使权利是否受到限制? ……… 18
28. 物业公司出租广告位,所获收益归谁所有? …………… 19

三、房屋租赁 …………………………………………………… 20
29. 依法获得居住权的房屋,可以出租吗? ………………… 20
30. 未经竣工验收的房屋能不能出租? ……………………… 20
31. 违章建筑可以出租吗? …………………………………… 21
32. 租客拒缴物业费又不搬走怎么办? ……………………… 21
33. 租客把房屋设施拿走了怎么办? ………………………… 22
34. 以租代买有效吗? ………………………………………… 22
35. 出租房屋的修缮责任由谁承担? ………………………… 23
36. 房屋可以转租吗? ………………………………………… 24
37. 什么是承租人的优先购买权? …………………………… 24
38. 出租人可以免交新冠肺炎疫情期间的租金吗? ………… 25

四、房屋抵押 …………………………………………………… 25
39. 为他人贷款提供房屋抵押担保有什么风险? …………… 25
40. 房屋抵押后能否出售? …………………………………… 26
41. 民间借贷,以房产买卖形式进行抵押有什么风险? …… 26

第二章 汽车

一、汽车买卖 ··· 31
42. 签订汽车买卖合同有哪些应当注意的细节？ ············· 31
43. 购买的新车很快就出现质量问题该如何解决？ ········· 31
44. 二手车公里数被篡改应当如何处理？ ······················· 32
45. 购买的二手车被拍卖怎么办？ ·································· 32
46. 二手车"送车上门"靠谱吗？ ···································· 33
47. 哪些二手车不能过户？ ··· 33
48. "网购"二手车有没有风险？ ···································· 34

二、汽车租借 ··· 34
49. 租赁汽车发生故障，维修责任由谁承担？ ················ 34
50. 租赁汽车发生自燃，责任由谁承担？ ······················· 35
51. 出借车辆发生交通事故的责任如何分配？ ················ 35

三、汽车保险 ··· 36
52. 什么是汽车商业险？ ··· 36
53. 车上丢手机，盗抢险赔不赔？ ·································· 37
54. 撞到自家人，保险赔不赔？ ······································ 37
55. 汽车经过积水路段造成损失，涉水险赔不赔？ ········· 37
56. 汽车改装后发生交通事故，保险公司可以拒绝
    赔偿吗？ ·· 38
57. 车辆转让未办理变更登记，发生事故保险公司
    会理赔吗？ ·· 38
58. 汽车受损但找不到责任人，保险赔不赔？ ················ 39
59. 酒驾事故，保险赔不赔？ ·· 39

四、行车安全 ··· 40
60. 交规繁复，几多入刑？ ··· 40
61. 酒精超标一定是酒驾吗？ ·· 40
62. 在小区内发生刮擦属于交通事故吗？ ······················· 41

· 3 ·

63. 学车时发生交通事故，谁来承担责任？ ……………………… 41
64. 单位司机发生交通事故，由谁承担责任？ …………………… 42
65. 遇到"碰瓷"怎么办？ …………………………………………… 42
66. "网约车"乘客在交通事故中要承担责任吗？ ………………… 43
67. 代驾发生交通违规事件怎么办？ ……………………………… 44

第三章 生活消费

一、日常生活 ……………………………………………………… 47
68. 是正当防卫还是故意伤害？ …………………………………… 47
69. 紧急避险造成的损失由谁承担？ ……………………………… 47
70. 寄存物品的丢失责任由谁承担？ ……………………………… 48
71. 是意外之财还是不当得利？ …………………………………… 49
72. 无因管理可以主张报酬吗？ …………………………………… 49
73. 和朋友相约爬山意外受伤，能否向朋友主张赔偿？ ………… 50
74. 参观人打碎贵重艺术品，展览方是否有权扣留参观人
    随身贵重首饰？ ………………………………………………… 51
75. 签了赠与合同可以不履行吗？ ………………………………… 51

二、日常消费 ……………………………………………………… 52
76. 哪些是"霸王条款"？ …………………………………………… 52
77. "打折不开票""发票用完了"，是真的吗？ …………………… 53
78. 在酒店饮酒后死亡，酒店和共同饮酒人需要承担
    责任吗？ ………………………………………………………… 54
79. 你有没有遇到过"价格欺诈"？ ………………………………… 55
80. 职业打假人有权主张三倍赔偿吗？ …………………………… 56
81. "熊孩子"打赏主播，父母可以要求返还打赏
    款项吗？ ………………………………………………………… 57
82. 免费试用饮水机到期不吱声，视为购买吗？ ………………… 58

83. 买了火车票,上车可以随便坐吗? ……………………… 58
84. 预约合同不是正式合同,可以随便签吗? ……………… 59

三、旅游 …………………………………………………………… 60

85. 受新冠肺炎疫情影响不能出行,能否取消旅游
套餐? …………………………………………………… 60
86. 境内跟团游遇到闹心事怎么办? ……………………… 60
87. 境外游行李丢失怎么办? ……………………………… 62
88. 航空托运行李找不到怎么办? ………………………… 63
89. 境外医疗游,应如何规避风险? ……………………… 64
90. 境外旅拍也犯法? ……………………………………… 65

四、网购 …………………………………………………………… 66

91. 七天无理由退货,真的可以这么任性吗? …………… 66
92. 下单后商家迟迟不发货,怎么办? …………………… 67
93. "另类"网购背后有哪些法律风险? ………………… 67
94. 网购快递被冒领,责任由谁承担? …………………… 68
95. "特价"商品非特价,消费者如何维权? …………… 69

第四章 投资理财

一、股权投资 ……………………………………………………… 73

96. 员工可以利用业余时间开公司吗? …………………… 73
97. 合资设立有限责任公司,不参与经营会影响股东
权利吗? ………………………………………………… 73
98. 设立的合资公司违约,股东要不要承担责任? ……… 75
99. 以他人名义投资设立公司有什么风险? ……………… 75
100. 股东为自己投资的公司提供担保有什么后果? …… 76

二、民间借贷 ……………………………………………………… 77

101. 民间借贷也有无效风险? …………………………… 77
102. 没有转账凭证,但打了借条,钱却要不回来? …… 78

103. 没有借条，只有转账记录，能要回借款吗? ……………… 79
104. 民间借贷的利息是否受法律保护? ……………………… 79
105. 规范的借条该怎么写? …………………………………… 81
106. 小额借款如何演变成"套路贷"? ……………………… 82
107. 为别人签了保证合同没有约定份额，会承担连带
保证责任吗? ……………………………………………… 83

三、证券投资 ……………………………………………………… 84
108. 什么是证券投资? ………………………………………… 84
109. 听信推荐买进股票亏损，可以要求赔偿吗? …………… 84
110. 把账户借给别人炒股，有什么风险? …………………… 85
111. 委托他人炒股，亏损怎么办? …………………………… 86

四、网络投资 ……………………………………………………… 87
112. 网络投资有什么形式? …………………………………… 87
113. 网络借贷有什么风险? …………………………………… 88
114. 投资者在参与P2P网贷业务时，如何辨别风险? ……… 89

五、商业保险 ……………………………………………………… 90
115. 商业保险有哪些? ………………………………………… 90
116. 重疾险真的保重疾吗? …………………………………… 91
117. 在银行买的"理财产品"怎么成了保险产品? ………… 93

六、信托 …………………………………………………………… 93
118. 什么是信托? ……………………………………………… 93
119. 信托理财有什么优势? …………………………………… 94
120. 信托理财有什么风险? …………………………………… 95

第五章 劳动

一、劳动关系 ……………………………………………………… 99
121. 如何区分劳动关系与非劳动关系? ……………………… 99
122. 如何认定劳动者与用人单位之间存在劳动关系? ……… 99

目 录

123. 劳动者可否与两个或两个以上用人单位建立劳动关系? ……………………………………………………… 100
124. 退休人员能否与其他单位建立劳动关系? ………… 101
125. 用人单位和劳务派遣的劳动者之间是什么关系? ……… 102
126. 劳务外包与劳务派遣怎么区分? …………………… 102

二、劳动合同 ……………………………………………… 103

127. 劳动合同和劳动关系是一回事吗? ………………… 103
128. 不签订劳动合同有什么后果? ……………………… 104
129. 劳动合同应当具备哪些内容? ……………………… 104
130. 哪些情形应签订无固定期限劳动合同? …………… 105
131. 无固定期限劳动合同是不能解除的合同吗? ……… 105
132. 用人单位不能与"三期"女职工解除劳动合同吗? …… 106

三、劳动保障 ……………………………………………… 107

133. 劳动者自愿放弃参加社会保险的行为有效吗? …… 107
134. 用人单位能否与职工自行约定社会保险缴费基数? …… 107
135. 用人单位能以员工旷工为由不交养老保险费吗? …… 108
136. 单位没开离职证明,失业保险待遇损失由谁承担? …… 109
137. 员工因交通事故受伤属于工伤吗? ………………… 109
138. 司机全责为何还被认定为工伤? …………………… 110
139. 上下班路上自己骑车摔倒能否被认定为工伤? …… 110
140. 双重劳动关系下工伤赔偿责任由哪家单位承担? …… 111
141. 工伤如何认定、申请期限多长、申请主体是哪一方? …… 112

四、劳动争议 ……………………………………………… 113

142. 被辞退一年后还能向单位主张权利吗? …………… 113
143. 单位能以不符合录用条件为由辞退新员工吗? …… 113
144. 试用期的约定有限制吗? …………………………… 114
145. 单位可以要求员工提供担保吗? …………………… 114
146. 员工不同意续签劳动合同,单位还要支付经济补偿金吗? ……………………………………………… 115

· 7 ·

147. 经济补偿金怎么计算？·················· 115

　　　148. 违反规章制度就应当被开除吗？············ 117

五、女工权益 ······························ 118

　　　149. 公司可以拒绝录用女性求职者吗？·········· 118

　　　150. 女职工可以"保胎"为由要求休假10个月吗？···· 119

　　　151. 公司可以随意降低怀孕女职工的工资吗？······ 119

　　　152. 员工个人要缴纳生育保险费吗？············ 120

　　　153. 单位可以不给休产假的女职工发工资吗？······ 120

　　　154. 产假没休完就上班，生育津贴和工资能否兼得？·· 121

第六章　知识产权

一、著作权 ································ 125

　　　155. 创意属于著作权法所保护的作品吗？········· 125

　　　156. 新闻受著作权法保护吗？················· 125

　　　157. 职务作品的著作权由谁享有？············· 126

　　　158. 职务作品的作者有署名权吗？············· 127

　　　159. 上传视频会侵犯著作权吗？··············· 127

　　　160. 使用他人作品都构成侵权吗？············· 128

　　　161. 将他人的作品发表朋友圈会侵犯他人的著作权吗？· 128

　　　162. 微信公众号可以随意使用他人拍摄的照片吗？··· 129

　　　163. 转载他人微信公众号的内容构成侵权吗？····· 130

　　　164. 职工在办公电脑中安装、使用盗版软件，单位
　　　　　 需承担责任吗？······················· 130

　　　165. 撰写论文时摘引他人的作品构成侵权吗？······ 130

　　　166. 淘宝店使用他人作品用于宣传是否属于侵权
　　　　　 行为？······························· 131

二、商标权 ································ 131

　　　167. 声音可以作为商标吗？·················· 131

168. 未经注册的商标有专用权吗?………………………………… 132
169. 能以他人著作权中的形象申请注册商标吗?………………… 133
170. 注册域名是否侵犯他人商标专用权?………………………… 133
171. 商标中可以使用"中国"标志吗?…………………………… 134
172. 可以通过转让注册商标获利吗?……………………………… 134

三、专利权……………………………………………………… 135

173. 个人发明如何得到保护?……………………………………… 135
174. 出售专利后还有使用权吗?…………………………………… 136
175. 发表论文后是否会导致专利申请障碍?……………………… 137
176. 员工的发明专利权是否属于用人单位?……………………… 138
177. 将专利用在不同产品上是否构成侵权?……………………… 138
178. 专利权的保护期有多长?……………………………………… 139
179. 合作或委托完成的发明创造的专利权归谁所有?…………… 140

四、商业秘密…………………………………………………… 140

180. 商业秘密也受保护吗?………………………………………… 140
181. 商业秘密和专利权的区别是什么?…………………………… 141
182. 单位与职工签订保密协议需要支付对价吗?………………… 142
183. 员工跳槽是否会侵犯原公司的商业秘密?…………………… 142
184. 离职员工将原单位的客户名单带到新单位有什么
后果?…………………………………………………………… 143

第七章 婚姻

一、结婚…………………………………………………………… 147

(一)婚前财产安排……………………………………………… 147
185. 男女朋友互赠的财物可以要求返还吗?……………………… 147
186. 父母给婚前子女的财物是"借"还是"赠"?……………… 148
187. 父母如何通过买保险给女儿作为新型嫁妆?………………… 149
188. 一方婚前出售个人房产所得款项是个人财产吗?…………… 150

189. 如何签订婚前财产协议? …… 150
(二) 婚姻效力 …… 151
190. 举行了婚礼还需要办理结婚登记吗? …… 151
191. 表兄妹能结婚吗? …… 152
192. 夫妻一方患病,另一方能否主张婚姻无效? …… 153
193. 有配偶者与他人以夫妻名义共同生活是否构成
　　重婚罪? …… 153
(三) 夫妻财产 …… 154
194. 夫妻个人财产和夫妻共同财产分别有哪些? …… 154
195. 婚前买的房,婚后出租,租金是个人财产吗? …… 155
196. 夫妻一方发表小说的稿酬,是共同财产吗? …… 156
197. 婚前买的房子都是个人财产吗? …… 156
198. 婚后买的房子都是共同财产吗? …… 157
199. 夫妻可以约定 AA 制吗? …… 158
200. 夫妻可以约定"若出轨,则净身出户"的忠诚
　　协议吗? …… 158
201. 约定一方婚前房产归夫妻共有,真的就是
　　共有了吗? …… 159
202. 丈夫答应婚后买的房产全归妻子,房子是
　　妻子的吗? …… 159
203. 夫妻财产协议怎么写? …… 160
204. 夫妻一方送给别人的财产,还能要回来吗? …… 161
205. 夫妻一方偷偷把房子卖了,怎么办? …… 161
(四) 夫妻债务 …… 162
206. 夫妻一方欠下的钱,另一方要还吗? …… 162
207. 夫妻一方为别人提供担保,另一方要承担
　　责任吗? …… 163

二、离婚

（一）离婚方式 ……………………………………………… 164

208. 离婚还要冷静期？ ……………………………………… 164
209. 离婚一定要打官司吗？ ………………………………… 164
210. 离婚官司在哪里打？ …………………………………… 165
211. 对军婚，起诉离婚有什么特殊规定？ ………………… 165
212. 妻子怀孕期间可以离婚吗？ …………………………… 166
213. 分居2年就一定能离婚吗？ …………………………… 166
214. 怎么认定夫妻"感情确已破裂"？ ……………………… 167
215. 离婚后又共同生活的"夫妻"有权获得遗产吗？ ……… 168
216. 为了规避限购政策，可以假离婚吗？ ………………… 169

（二）离婚财产分割 ……………………………………… 169

217. 妻子的嫁妆应该分割吗？ ……………………………… 169
218. 协议离婚后，认为财产分割不公平，可以反悔吗？ … 170
219. 离婚时一方持有的公司股份如何分割？ ……………… 170
220. 夫妻一方继承的遗产，另一方有权分割吗？ ………… 171
221. 夫妻一方婚前购买的房产，离婚时应当分割吗？ …… 172
222. 离婚时把房子赠与子女逃避债务有效吗？ …………… 173
223. 夫妻一方出轨，离婚时还能分得财产吗？ …………… 173

（三）离婚损害赔偿 ……………………………………… 174

224. 丈夫经常对妻子家暴，妻子可以要求赔偿吗？ ……… 174
225. 妻子擅自终止妊娠，丈夫可以要求赔偿吗？ ………… 175
226. 双方可以自行约定离婚损害赔偿吗？ ………………… 176

（四）离婚子女抚养 ……………………………………… 176

227. 夫妻一方不能再生育，离婚时能取得孩子的抚养权吗？ ……………………………………………… 176
228. 一方不让另一方探视孩子，怎么办？ ………………… 177
229. 祖父母（外祖父母）可以代为行使探视权吗？ ……… 178

· 11 ·

230. 孩子的抚养费怎么付? ………………………………… 178
231. 离婚后,妻子可以让孩子随自己姓吗? ……………… 179
232. 离婚后孩子改姓,可以不给抚养费吗? ……………… 180
233. 抚养权可以变更吗? …………………………………… 180

第八章 家庭

一、抚养子女 ……………………………………………… 185
234. 可以断绝亲子关系吗? ………………………………… 185
235. 孩子18岁以后还要支付抚养费吗? …………………… 185
236. 父母抚养子女的支出,子女要还吗? ………………… 186
237. 非婚生子女可以要求生父母支付抚养费吗? ………… 187
238. 扔掉残疾的孩子,有什么后果? ……………………… 188
239. 姓氏可以不随父姓和母姓吗? ………………………… 189

二、收养关系 ……………………………………………… 190
240. 收养应当具备什么条件? ……………………………… 190
241. 可以收养"弃婴"吗? ………………………………… 190
242. "亲子亲卖""好心收养"也犯罪? ………………… 191
243. 养子女可以继承养父母的遗产吗? …………………… 192
244. 养子女可以继承生父母的遗产吗? …………………… 193
245. 收养关系可以解除吗? ………………………………… 194
246. 亲生父母能要回被送养的孩子吗? …………………… 194

三、赡养老人 ……………………………………………… 195
247. "常回家看看"是子女的法定义务吗? ……………… 195
248. 赡养义务可以通过约定免除吗? ……………………… 196
249. 子女可以干涉父母再婚吗? …………………………… 196
250. 老人可以把财产送给外人吗? ………………………… 197
251. 老人为何梦断"以房养老"? ………………………… 197

四、监护

252. 未成年人的监护人可以变更吗? …………………… 199
253. 法定监护人资格可以撤销或者恢复吗? ……………… 200
254. 成年人可以有监护人吗? ……………………………… 200
255. 监护人可以指定吗? …………………………………… 201

五、继承

256. 哪些是被继承人的遗产? ……………………………… 202
257. 遗产应按什么顺序继承? ……………………………… 203
258. 不是法定继承人可以获得遗产吗? …………………… 204
259. 未出生的胎儿有继承权吗? …………………………… 205
260. 私生子有继承权吗? …………………………………… 205
261. 儿媳妇和孙子有继承权吗? …………………………… 206
262. 网络上盛传"独生子女无法继承父母的房产",是真的吗? ……………………………………………… 207
263. 先后立了多份遗嘱,哪份有效? ……………………… 207
264. 遗嘱怎么写才有效呢? ………………………………… 208
265. 篡改遗嘱会丧失继承权吗? …………………………… 209
266. "父债子还"有法律依据吗? ………………………… 209
267. 代位继承和转继承是什么意思? ……………………… 210

第九章 人格权

268. 报道他人的违法行为合法吗? ………………………… 213
269. 被踢出微信群,能主张精神损害赔偿吗? …………… 213
270. 兜售公民个人信息构成侵权吗? ……………………… 213
271. 发现个人的信用评价不当该如何处理呢? …………… 214
272. 照相馆丢失照片,需要承担精神损害赔偿责任吗? … 215
273. 获悉隐私照片可能被公开,该如何制止呢? ………… 215

· 13 ·

274. 公司可以用员工肖像做广告宣传吗？······216
275. 买家秀变卖家秀，侵权了吗？······217
276. 骂人需要负法律责任吗？······218
277. 给受种者注射新研制的抗病毒疫苗需要告知吗？······218
278. 死者的名誉受法律保护吗？······219

编后语 ······220

第一章

房　屋

房产是当下家庭追求生活安宁和归属感的象征。房产交易种类、形式和内容，遵循现行法律规定并履行特定程序。

一、房屋买卖

（一）一手房买卖

1. 能否以签订房屋买卖合同作为借贷合同的担保？

张三和李四是好朋友，李四是一家房地产公司的老板，打算开发一个高级住宅小区，但因缺乏资金，遂以公司的名义向张三借款，双方签订了《借款合同》，并约定如果到期不能归还借款本息，则以小区房产抵债。张三选定了一套价值与借款本息相当的房产，双方同时签订了《房产认购协议》。借款到期后，李四的公司一直未能还款，张三则起诉要求公司履行《房产认购协议》并交付房产，但最终张三败诉了，为什么呢？

张三和李四的公司签订的《房产认购协议》真实目的是对《借款合同》进行担保，并非真正的房屋买卖合同，张三无权要求公司交付房产，只能按照真实的法律关系即借贷关系要求公司还钱。当然，如果张三选定的房子还在的话，可以通过诉讼保全的方式来保证债权的实现。但如果公司已经把所有的房子都卖了，而且负债累累的话，张三的借款有可能就要"打水漂"了。

【法律依据】《审理民间借贷案件规定》第 24 条

2. 交了定金为何不能双倍返还？

2017 年 11 月，戴女士看了某小区的样板房，觉得很满意，便和开发商签订了该小区某一套房屋的《订购协议》并交付了定金 15 万元，约定 2018 年 3 月 2 日再签订《商品房预售合同》。当开发商通知戴女士签订《商品房预售合同》时，因合同中写了样板房仅供参考，戴女士要求删除，但开发商无法立即答复戴女士，导致 3 月 2 日双方无法签约，戴女士要求解除《订购协议》并双倍返还定金共

30万元。但法院却判决开发商仅需返还15万元，戴女士明明交的是定金，为何不能双倍返还呢？

买房的时候，开发商通过认购、订购、预订等方式向购房者收取定金后，如果因开发商一方的原因未能订立商品房买卖合同的，购房者有权要求双倍返还；但如果是因不可归责于当事人双方的事由导致的，则开发商只需将定金返还给购房者即可。

在上面的案例中，戴女士与开发商是因为对合同条款有不同意见，无法协商一致，不属于单方责任，导致合同无法按时签订，因此开发商无须双倍返还定金。

【法律依据】《审理商品房买卖合同案件解释》第4条

3. 商品房的"五证两书"是什么？

小王第一次买房，欠缺经验，买过房的同事告诉小王，买房的时候一定要注意开发商有没有"五证两书"。小王很好奇，"五证两书"是什么？

"五证"是指《国有土地使用证》《建设用地规划许可证》《建设工程规划许可证》《建筑工程施工许可证》《商品房销售（预售）许可证》。"二书"是指《住宅质量保证书》和《住宅使用说明书》。

"五证"中最后取得的是《商品房销售（预售）许可证》，购房者务必看清购买楼房是否在预售范围内。"两书"是开发商在商品房交付使用时，向购房人提供的对商品住宅承担质量责任的保证文件，购房者在交房时应注意向开发商索要。

4. 商品房交付情况与广告描述不符，怎么办？

张先生购买了一套"地铁房"，开发商在售楼广告中承诺，将来出了小区步行几百米就是地铁口。然而交房时，张先生却发现，离小区最近的地铁口足有1000多米远。张先生认为开发商违约，拒绝收房，并起诉到法院要求降低房价。开发商当庭叫屈，称售楼广告是依据政府部门发布的信息作出的，后来规划有变他们也无从预测，再说1000米也不算太远，依然称得上是"地铁房"。而且售房合同也约定:"交付房屋标准以合同约定为准,宣传资料不是确定双方权利义务的依据",最终,张先生没打赢这场官司。

赵先生因被某楼盘的广告吸引而签订了购房合同。广告声称将在1层建高达9米的热带生态雨林水景大堂、16层建公共餐厅、37及38层建豪华超五星级皇家云顶俱乐部,开发商还将送给每位业主6万元VIP储值卡,凭卡可在云顶俱乐部享受贵宾服务。当赵先生拿到新房钥匙后才发现,开发商宣称的热带生态雨林水景大堂连一点水也没有;公共餐厅空空荡荡;云顶俱乐部成了空中楼阁;VIP储值卡成了一纸空文……在与开发商多次交涉未果后,赵先生将开发商诉至法院,最终法院判定开发商赔偿赵先生两万元。

两个案件同样都是由商品房销售广告而引起的纠纷,但却出现不同的判决,关键就是看广告内容是否同时具备两个条件:(1)对商品房开发规划范围内房屋及相关设施所作出的说明或允诺具体确定;(2)对合同的订立及房屋价格的确定有重大影响。同时具备两个条件的广告属于要约,对开发商有约束力;反之,属于要约邀请,对开发商没有约束力。

赵先生看到的广告属于开发商对房屋及相关设施所作出的具体的说明或允诺,对开发商有约束力;张先生看到的"地铁房"广告中所称小区距离地铁口几百米与实际1000米的差距,对合同订立和房屋的价格的确定有一定影响但并非重大影响,且售房合同明确约定宣传资料不能作为确定权利义务的依据,故该广告并非有约束力的要约。

【法律依据】《审理商品房买卖合同案件解释》第3条

5. 商品房实际面积与合同约定不符怎么办?

李先生购买了一套预售商品房,合同中约定房屋面积为120平方米,收房时却发现房屋实际面积比合同中约定的面积多8平方米,开发商要求李先生补交8平方米房款,李先生认为开发商存在欺诈行为,拒绝支付,双方争执不下,该怎么办呢?

如果开发商交付的房屋面积与商品房买卖合同约定面积不符,

合同有约定的，按照约定处理；合同没有约定或者约定不明确的，按照以下原则处理：

面积差在3%以内（含）的，购房者可以要求按合同约定价格据实结算，不能请求解除合同。

面积差超过3%的，购房者可以请求解除合同、返还已付购房款及利息，也可以要求开发商继续履行合同。

如果房屋实际面积大于合同约定面积超过3%的，面积误差比在3%以内（含）部分的房价款由购房者按照约定的价格补足；超出3%部分的房价款由开发商承担，所有权归购房者。房屋实际面积小于合同约定面积超过3%的，面积误差比在3%以内（含）部分的房价款及利息由开发商返还购房者；超过3%部分的房价款由开发商双倍返还。

【法律依据】《审理商品房买卖合同案件解释》第14条

6. 如何防范精装房变成"惊吓房"？

一对年轻夫妻看了某小区精装房的样板房，看到装修风格和配置设施都不错，而且他们觉得买精装房可以节省装修时间，于是就签了购房合同。但在交房的时候，却发现实际情况和样板间相差太远，精装房变成了"惊吓房"，原来是这对小夫妻完全忽略了开发商在合同中注明的样板房仅供参考，也没有询问房屋的实际装修情况。那么，购买精装房时应当注意什么呢？

购房者在签订精装房购房合同时，首先，应当要求开发商提供施工图纸，并明确装修标准和质量要求，如具体使用什么品牌、系列、型号、颜色的装修材料，房屋抗震等级等。其次，在验收时要请相关专业人员进行验收，并对不合格部分提出异议，要求开发商拿出具体整改方案或者赔偿措施和时间表，如果开发商迟迟不予答复，可要求开发商赔偿延期交房违约金。

7. 开发商逾期交房怎么办？

李先生以按揭贷款的方式购买了某小区的房子，但开发商迟迟无法交房，李先生一边住不进新房，另一边还得还银行贷款，怎么办呢？

开发商逾期交房的情况在楼市交易中较为常见，购房者需要了解开发商逾期交房的原因再进行维权。如果是因为自然灾害、政府政策调整等，则开发商可能援引不可抗力条款主张不承担责任。对于开发商自身原因导致的逾期交房的，购房者有权要求开发商承担相应违约责任。

如果是因为开发商单方违约导致逾期交房的，李先生可以根据实际情况，要求开发商继续履行合同并支付违约金；如果逾期超过一定期限，也可以要求解除合同，退还购房款。李先生是按揭贷款的，不能因为开发商逾期交房就不交贷款，但如果要求解除购房合同，那么相应的按揭贷款合同也要解除。

8. 开发商能否将绿地改为车位出售？

李小姐在某住宅小区购房时看中的是占小区面积 30% 的绿地，签订购房合同时也对小区配套绿地面积作出约定，但李小姐入住后却发现开发商擅自将小区内已经规划审批为绿地的位置改为停车位并向外出售。开发商有权这么做吗？

开发商的这种做法是侵权行为。建筑区划内的其他公共场所、绿地、公用设施和物业服务用房等，属于业主共有。住宅小区内绿地的所有权依法归全体业主共有，开发商无权擅自改变绿地的用途，如何使用和处分这块绿地应由全体业主决定。对开发商擅自改变绿地用途的侵权行为，业主可以通过诉讼方式，要求开发商按照规划恢复原样，并承担赔偿责任。

【法律依据】《民法典》第 274 条

9. 借名买房有什么风险？

张阿姨看中了一套商品房，但因为政府限购，张阿姨不能以自己的名义买房，于是和弟弟商量以弟弟的名义购买，双方签订了借名买房的协议，由弟弟签订购房合同，但购房款和按揭款都是张阿姨转给弟弟的，交房后也是张阿姨居住使用。后来，弟弟离婚，弟媳想要分割这套房子，张阿姨急了，她说这套房子是自己的不是弟弟的，弟媳无权分割。可是弟媳却说，房子登记在谁名下就是谁的，张阿姨该怎么办？

因政府限购政策，很多人想通过借名的方式达到买房的目的，购房人可能会遇到像张阿姨一样的糟心事。真正的买房人如果有充分的证据证明房屋价款是自己支付的，房屋实际由自己居住，那么可以提起确权之诉，要求法院确认房屋属于实际购房者所有。但现实中，很多人缺乏证据意识，可能没有保留完整的证据，导致实际购房者认定困难。另外，如果名义购房者有很多外债，悄悄把房子卖了抵债，或者其他债权人向法院申请把房子查封了，实际购房者也可能面临钱房两空的结局。

因此，采取借名买房的做法是不可取的。

（二）二手房买卖

10. 房东迟迟不配合过户怎么办？

小王买了一套二手房，首付款已经付了，就等着办理过户和按揭贷款手续了，但房东却迟迟不配合办理过户手续。小王多次找房东沟通，原来房东觉得房子卖给小王之后房价上涨，卖亏了，想要小王再补点差价，小王认为价格是双方之前商量好的，房东不能以市场价格波动为由拒不配合办理过户手续，小王可以怎么办呢？

房价上涨或者下跌都可能会影响到二手房买卖合同的履行，因此在二手房交易过程中，应当对价款、付款时间、交房时间、履行的先后顺序、逾期履行的违约责任等进行明确约定，防止交易风险。

小王可以要求房东在一定期限内配合办理过户手续，如果逾期不办理的，小王可以向法院提起诉讼，要求房东继续履行合同，办理过户手续，并承担逾期办理的违约责任。同时，为了防止房东将房子另行处置，小王还可以申请财产保全，查封所购房屋。

11. 房东拒绝迁出户口如何处理？

林先生向赵先生购买一套房屋，因为林先生的孩子读书需要落户，双方约定赵先生应当在过户后10日内办理原有户口的迁出手续。林先生交齐全部房款，办理了过户手续，赵先生也把户口迁出了，但林先生在落户时发现虽然赵先生户口已迁出，但仍有其他人员户籍未迁出，因赵先生已经去了外地，其他人的手续赵先生表示他没法办。眼看着孩子上学的时间快到了，落户的事情还没有着落，林先生该怎么办？

林先生和赵先生约定应当办理户口迁出手续，赵先生就应当将与本房屋相关的户口全部迁出，而非仅仅将本人户口迁出。赵先生在交易过程中未如实告知林先生交易房屋的户籍情况，交易完成后也未能按照约定完成户口迁出，其行为显然违反了合同约定。但迁移户口遵循的是自愿原则，如果原户籍人拒不迁移，相关部门是无法干涉的。而且户籍纠纷不属于法院受理范围。因此，如果其他人员不迁移户口的话，法院是无权强制要求其将户口迁出的。林先生只能根据合同的约定，要求赵先生承担违约责任。

因此，在二手房买卖前，对"落户"有特别要求的，应当先到公安机关查询房屋的落户现状，对落户问题达成共识，防止出现类似本案的纠纷。

12. 遭遇"一房二卖"怎么办？

王奶奶年纪大了，腿脚不好，住的房子没有电梯，王爷爷想换一套电梯房，看中了李女士的一套房子，因为王爷爷年纪大了，办不了贷款，所以是一次性付款，价格比按揭贷款的低10万元。王爷爷用攒了一辈子的积蓄，买下了这套房子。当王爷爷带着王奶奶去看房子时，却发现房子里住的不是李女士，而是一位姓张的先生。张先生说李女士已经把房子卖给他了，并且他已经搬进来住了。王爷爷和王奶奶顿时傻眼了，他们这是遇上"一房二卖"了，如何是好呢？

出现"一房二卖"纠纷，谁先办了产权转移登记，谁就有优先权。如果都没办，但房子已实际交付了，谁实际合法占有，谁的权利优先；如果房子还没交付，则根据合同签订的先后顺序、实际支付购房款等情况综合确定谁有优先权。

在购买"二手房"时，建议购买者：（1）选择产权明晰、符合上市交易条件、不存在过户障碍的房屋；（2）付款前到不动产交易中心查询一下房屋的权利状态；（3）开立一个共管账户，把购房款存进共管账户里，符合条件时再转给房东；（4）尽量缩短交易周期；（5）及时办理产权转移登记，无法立即办理的，可申请预告登记；（6）出现"一房二卖"纠纷应及时主张权利，并可申请财产保全。

13. 买卖双方产生纠纷，房产中介的责任应当如何认定？

王爷爷通过中介买房，却遇到房东"一房二卖"，差点被骗走购房款，好在购房款都在中介那里，但中介在退款的时候还向王爷爷收取了中介费，王爷爷认为其不应当支付中介费。

张三通过中介公司向李四购买房屋，张三预付的购房定金存放在中介处，成交后再结算佣金。中介公司介绍双方认识、协助签订了房屋买卖合同，但张三和李四在履行合同过程中存在争议，最终解除了合同，中介公司扣留了张三的定金，要求双方按照约定的比例支付佣金，张三和李四觉得中介公司什么也没做，不愿意支付佣金。

房产中介作为专业的居间机构，在从事居间活动时，对房屋权属状况等订约相关事项及当事人的订约能力负有积极调查并如实告知的义务，应当尽职地调查、核实所有与合同订立相关或者会影响到合同订立的事项，包括但不限于对方当事人的身份信息、房屋状况、当事人提供资料的真实性等方面的信息。

王爷爷的中介没有尽到居间义务，没有掌握房东"一房二卖"的情况，差点造成王爷爷的损失，无权收取中介费。

张三和李四是因为双方自身的原因造成合同无法履行，但中介公司已经尽到了部分中介义务，有权要求支付中介费，但张三和李四可以要求适当减少未完成部分的中介服务费用。

【法律依据】《民法典》第964条

14. "阴阳合同"真的能避税吗？

张三打算把一套房子以 300 万元的价格转让给李四，并向李四提议签订两份"阴阳合同"，也就是一份真实价格的合同，一份低价的合同，以低价的合同办理产权过户手续，可以少交税，李四想知道这样做合不合法？

纳税是每个纳税主体的义务，采用虚假手段不缴或者少缴税款的行为是违法行为，一经查实，会受到税务部门的行政处罚，严重的还可能构成偷税罪。即便张三和李四抱着不会被发现的侥幸心理，但这样做对李四真的有意义吗？如果双方备案的成交价格是 100 万元，李四今后想要把房屋再次卖掉时，是要以 100 万元作为成本价，与其卖出价格之间的差额来计收税款的，届时，李四的税负会大大增加。因此，"阴阳合同"不仅不合法，对于购房者来说也并不能达到避税的目的。

15. 房东隐瞒房屋情况怎么办？

小李买了一套二手房，打算和女友结婚作为婚房，买房的时候小李特地和中介交代房子是作为婚房使用，房屋内居住的人不能有不吉利（如重病、死亡等）的事件发生，中介推荐了一套价格合适的房屋，房东也明确表示没有小李所担忧的情况发生。小李才放心地买下这套房子。可是买完房子后却听到小区的人说这套房子"不吉利"，前房东的父亲去年才刚刚在家中去世，不适合作为婚房。小李很生气，找到前房东要求退房。可是前房东却表示小李是道听途说，他的父亲不是在家中去世的，而是在医院去世的，并不存在什么"不吉利"的说法。小李心里很不舒服，他能退房吗？

卖房者在签订房屋买卖合同应遵守诚实信用的原则，不得故意隐瞒与出售房屋有关的重要信息，否则构成欺诈，购房者有权撤销合同。至于卖房者隐瞒信息的行为是否都可以成为撤销合同的理由，应综合情况考虑。如购房者是冲着"学区房"去的，结果订立合同后发现学区名额已经被占用,那么购房者的主要目的不能实现,可以要求撤销合同。如果购房者想要买电梯房,但买到的是加装的电梯房,虽然有区别,但区别不大,除非购房者具有特殊需求。因此,卖房者隐瞒房屋情况,如果导致购房者在违背真实意思的情况下签订合同,可以要求撤销合同、返还购房款并赔偿损失。

小李买房前明确表示不能有居住者不吉利的情况,而卖房者在明知购房者提出的该项特定要求的情况下,刻意隐瞒真实情况,使小李在不明真相的情况下签订了合同。我国法律虽然没有对"凶宅"或"不吉利"等概念作出界定,但受我国传统文化的影响,小李要买的是婚房,实际情况确实会给小李的心理造成不良影响,而且这个信息对于小李来说是直接影响是否交易的重大信息。因此,小李可以卖房者隐瞒重大信息为由,要求撤销合同。

【法律依据】《民法典》第148条

(三)其他房屋买卖

16. 有了居住权制度后,租房可以取得居住权吗?

老王正愁着没钱没房,听说《民法典》设立了居住权制度,他想,有了这个居住权,以后租别人房子不搬,不就可以拥有永久居住权啦。

居住权是指自然人依照合同的约定,对他人所有的住宅享有占有、使用的用益物权。

设立居住权,可以通过订立书面居住权合同或遗嘱设立。订立书面居住权合同,一般需要当事人双方约定居住的条件和要求,以及居住权期限等条款,并且应当向登记机构申请居住权登记,自登记时居住权才设立。

所以,老王试图通过签订租赁合同获得居住权的想法是不对的。租赁合同不能等同居住权合同,赖着不搬也不会因此取得居住权。

【法律依据】《民法典》第366—368条

17. 农村的房屋可以买卖吗？

小刘毕业后到城里工作，户口也迁到了城里，小刘的父母还在城里买了一套房子，和小刘一起在城里生活。后来，小刘的父母相继去世，小刘继承了父母在城里的房子。小刘的父母在农村还有一处老宅，小刘已经不回农村居住了，打算把老宅卖掉，但村委会却不同意，理由是小刘不是他们村的村民了，这套房子应归村里，小刘没有权利卖掉房屋。村委会这么说有道理吗？

小刘父母在城里的房子，经过登记属于其父母的合法财产，小刘可以依法继承并按规定办理过户手续，今后也可以正常买卖。

小刘父母在村里的房屋也属于遗产，小刘有权继承该房屋，但买卖受到限制。按照我国现行的土地制度，农村房屋的土地为宅基地，仅限本村村民使用，根据"房随地走"的原则，宅基地上的房屋可以继承，但不能对外出售，只能在同一集体组织成员之间流转、买卖，因此，村委会的说法并不准确，虽然小刘的户口不在村里无法办理房屋过户手续，但他可以把房子卖给本村的其他村民。

【法律依据】《土地管理法》第9条；《严禁炒卖土地通知》第2条；《执行农村建设用地法律和政策通知》第2条第3款

18. 购买小产权房有没有风险？

王先生想要有一套自己的房子，但囊中羞涩，买不起普通商品房。一次偶然的机会，王先生得知某城中村有房子卖，于是低价购买了一套"小产权房"并搬进去居住。不久后，房东听说房子要拆迁，可以获得高额补偿款，于是找到王先生要求解除合同，返还房屋，王先生欲哭无泪。房东有权要回房子吗？

"小产权房"也称"乡产权房"，是指在农村集体土地上建设的房屋，由乡镇政府而不是国家土地房屋管理部门颁发产权证的房产，常见的有农民自建的所谓"商品房"和"新农村"里用于出售的房产等。现行法律法规不允许在集体土地上建设的房屋向本集体经济组织以外的成员销售。

王先生不具备某城中村村民资格,因此房屋买卖合同是无效的,无效合同的处理方式是各自返还,也就是房东返还购房款,王先生返还房屋。至于王先生的损失是否可以要求房东赔偿,则要看对于合同无效谁的责任更大,如果房东对此不负有责任的话,王先生的损失就只能自行承担了。因此,购买"小产权房"存在巨大的风险,须谨慎。

【法律依据】《土地管理法》第9条;《严禁炒卖土地通知》第2条;《执行农村建设用地法律和政策通知》第2条第3款

19. 骗购经济适用房有什么后果?

王先生是个高级白领,每月工资收入比较可观,但想要凑个首付买房还是比较困难,于是王先生想买一套经济适用房,但他的月工资收入不符合申请条件,于是他想通过以现金领取工资的形式让工资收入水平看起来符合条件,这样做有什么后果呢?

经济适用房是指政府提供政策优惠,限定套型面积和销售价格,按照合理标准建设,面向城市低收入住房困难家庭供应,具有保障性质的政策性住房。申请经济适用房的主体是特定的,王先生虽然目前买房存在一定困难,但他属于高收入群体,并不符合经济适用房的申请条件。

对弄虚作假、隐瞒家庭收入和住房条件,骗购经济适用住房或单位集资合作建房的个人,将由市、县人民政府经济适用住房主管部门限期按原价格并考虑折旧等因素作价收回所购住房,并按照法律和有关规定追究其责任。如果其他单位或者个人协助出具虚假证明的,相关责任人将被依法追究法律责任。

【法律依据】《经适房管理通知》第16条;《经适房管理办法》第43条

20. 经济适用房可以出租吗?

小王申请了一套经济适用房,但离上班地点太远,小王决定把经济适用房租出去,自己再到单位附近租一套房子,这样可以吗?

购房人要取得完全产权应按原购房价与类似商品房价差的一定比例补交土地收益金后才能取得完全产权。个人购买的经济适用房在取得完全产权以前不得用于出租经营。否则，可能面临房屋被收回，并取消 5 年内再次购买或租赁政府各类政策性、保障性住房的资格。

【法律依据】《经适房管理通知》第 16 条；《经适房管理办法》第 33 条

二、小区物业管理

21. 小区电梯广告收益归谁所有？

张阿姨的小区电梯里原来装有镜子，爱美的张阿姨每次坐电梯都会照照镜子。有一天，张阿姨发现小区电梯里的镜子都变成了广告，问了物业公司才知道原来是物业公司把电梯广告位租出去了。张阿姨想知道物业公司有权利这么做吗？电梯广告的收益归谁呢？

《民法典》规定，建设单位、物业服务企业或者其他管理人等利用业主的共有部分产生的收益，在扣除合理成本之后，属于业主共有。建筑区划内的公共场所、公用设施和物业服务用房，属于业主共有，应由业主决定如何使用，也可以由业主委员会委托物业公司进行管理，但公共区域的收益归全体业主所有。

福建省规定，公共收益属于全体业主所有，可以扣除物业服务企业的经营管理费用，但不得超过 30%；剩余款项，在业主大会成立之前，存入专项维修资金专户；业主大会成立后，存入业主大会或者业主委员会专用账户，经业主大会决定，可以用于抵扣业主的物业管理费用以及业主大会决定的其他事项支出。而且公共收益的收入及使用情况，应当至少每季度在物业管理区域内醒目位置公布一次。

【法律依据】《民法典》第 282 条；《福建物业条例》第 63 条

22. 小区车位都是业主的吗？

张三所在的小区停车位一直很紧张，物业公司有时在车位不够的情况下还会让外来车辆停进来并收停车费，张三听说小区的车位都是业主的，所以，他认为物业公司不能让外来车辆进来，张三的想法对吗？

小区停车位应当优先满足业主的需要，在车位紧张的情况下，物业公司确实不应当再允许外来车辆使用。但优先满足业主并不等于免费给业主使用，出租、出售、附赠也是优先满足业主需求的方式。

小区车位一般分为以下几种：

（1）开发商原来就有规划而且没有计入公摊的停车位：这类车位的产权属于开发商，可以办理产权证，开发商可以通过出售、出租或者附赠的形式进行处置。

（2）开发商原来规划车位但同时又计入公摊的停车位：这类车位属于全体业主共有，业主应注意公摊面积包括哪些，防止开发商既把车位计入公摊又向业主出售。

（3）开发商原来没有规划，后来利用公共区域改成的车位：这类车位占用的是全体业主共有的公共区域，使用权归全体业主，开发商无权处置。但因物业公司管理公共区域的车位，可以适当收取一定的管理费。

（4）开发商建设的人防工程改造的人防车位：这类车位产权不属于业主，也不属于开发商，而属于国家，这类车位按照"谁投资，谁收益"的原则，一般由开发商进行处置，不能出售，但可以出租。

23. 家中被盗，能否拒绝缴纳物业费？

王五家中被盗，王五认为是物业公司管理不善导致，他找物业公司理论，但物业公司却没有给个说法，王五于是拒绝缴纳物业费，物业公司的工作人员认为王五家中被盗与他们无关，并告知王五如果再不交物业费的话就要起诉王五了。王五可以不交物业费吗？

物业公司应当在其职责范围内做好小区的安全防范工作，但业主家中被盗与物业公司管理之间不存在直接的因果关系，业主不能以此为由拒绝缴纳物业费。如果业主认为物业公司未按合同约定履行管理义务，应当收集物业公司违约的证据，另行向物业公司主张违约索赔。

24. 业主委员会和业主有什么关系？

李四所在的小区要召开业主大会，打算选举业主委员会，但李四觉得这事和自己没多大关系，他不想参与，业主委员会真的和业主没关系吗？

业主大会是由全体业主组成的，是代表和维护全体业主合法权益的组织。而业主委员会则是由业主选举出来的，负责执行业主大会作出的各项具体决定。全体业主人数众多，很多事务需要业主委员会代表业主去实施，如与物业公司签订合同，监督审核各项费用的收支情况，甚至代表业主维权等，因此，业主委员会与每位业主息息相关。

25. 屋顶漏水，可以用专项维修资金来维修吗？

王先生买的房子是顶楼，买房的时候按规定交存了住宅专项维修资金。搬入新家没几年，屋顶就开始漏水，王先生找到开发商，要求开发商修复，但开发商的工作人员却说房屋已经实际交付给王先生使用，而且已经超过质保期，屋顶漏水问题不属于他们要解决的问题，让王先生自己去找物业公司和业主委员会，通过专项维修基金解决。王先生找到物业公司和业主委员会主任，他们告诉王先生小区虽然有专项维修资金，可是小区里遇到类似漏水情况的不只王先生一家，其他顶楼住户都是自己出钱维修。王先生该怎么办呢？

住宅专项维修资金，是指商品住宅的业主、非住宅的业主按照所拥有物业的建筑面积交存的，专项用于住宅共用部位、共用设施设备保修期满后的维修和更新、改造的资金。

《民法典》规定，建筑物及其附属设施的维修资金，属于业主共有。经业主共同决定，可以用于电梯、屋顶、外墙、无障碍设施等共有部分的维修、更新和改造。

筹集和使用维修基金是业主共同决定事项,需要由专有部分面积占比2/3以上的业主且人数占比2/3以上的业主参与表决。

但筹集和使用维修基金的表决要求是不同的:筹集维修资金,应当经参与表决专有部分面积3/4以上的业主且参与表决人数3/4以上的业主同意。使用维修资金,只需要参与表决专有部分面积过半数的业主且参与表决人数过半数的业主同意。

王先生遇到的问题,可以要求物业提出住宅专项维修资金的使用方案,然后提交业主大会讨论,如果业主大会通过使用方案,王先生可以依程序申请使用资金。

【法律依据】《民法典》第278条、第281条

26. 高空抛物致人损害,所有住户都要承担连带赔偿责任吗?

张阿姨住的那栋楼掉下来一盆花,把楼下的一个行人砸伤了,她想知道自己要不要对被砸伤的行人负责呢?

从建筑物中抛掷物品或者从建筑物上坠落的物品造成他人损害的,由侵权人依法承担侵权责任。如果不能确定侵权人,应当及时报警,由公安等机关依法及时调查,查清责任人。根据《刑法修正案(十一)》的相关规定,公安机关查明相关责任人从建筑物或者其他高空抛掷物品,情节严重的,行为人可能构成刑事犯罪,将被处1年以下有期徒刑、拘役或者管制,并处或者单处罚金。

本案经调查难以确定具体责任人,但张阿姨能够证明她对花粉过敏,她家从不种花,不可能有盆花坠落,则不用承担侵权责任。其他不能证明自己不是侵权人的,由可能加害的建筑物使用人共同给予补偿。可能加害的建筑物使用人共同补偿后,有权向责任人追偿。

另外,物业服务企业等建筑物管理人应当采取在外墙安装摄像头等必要的安全保障措施,防止高空抛物等情形的发生,如未采取必要的安全保障措施的,应当依法承担未履行安全保障义务的侵权责任。

【法律依据】《民法典》第1254条

27. 业主对建筑物专有部分行使权利是否受到限制?

甲和乙是毗邻上下楼的邻居。甲在客厅中安装了一个超级大浴缸,

经常在夜间洗澡。乙患有神经衰弱症，半夜常常被甲洗澡的声音侵扰，其日常居住和休息受到严重影响。甲的权利是否应当受到限制？

丙和丁住在一栋楼同一个梯位，丙在15层，丁在17层。丙在其住宅内开办幼儿园，丁是作家，居家写作办公。幼儿园声音嘈杂严重影响丁正常写作。丙在自家办幼儿园行为是否应当受到限制？

业主虽然对建筑物专有部分享有占有、使用、收益和处分的权利，但业主行使权利不得危及建筑物的安全，不能影响到其他业主的合法权利。

甲在客厅安装大浴缸，不仅有可能影响建筑物安全，也不符合客厅的使用用途。同时浴缸使用时上下水流动影响了楼下业主的生活安宁，侵犯了乙的权利，甲行使建筑物专有权应当受到限制。乙有权要求甲拆除浴缸。

丙将住宅改变为经营性用房，应当遵守法律、法规以及管理规约规定，还应当经有利害关系的业主的一致同意。有利害关系的业主指本栋建筑物内的其他业主，本栋之外的业主在举证证明受到影响的情况下，也属于有利害关系的业主。

因此，丙未经有利害关系的业主同意开办幼儿园的行为违反了法律规定，丁有权要求其停办幼儿园。

【法律依据】《民法典》第272条、第279条；《审理建筑物区分所有权案件解释》第10条、第11条

28. 物业公司出租广告位，所获收益归谁所有？

小李居住的小区毗邻市区北三环，每天很多车辆经过都能看到小李这个小区的屋顶，于是物业公司就把小区的屋顶出租给广告公司用于设置广告位。物业公司按照每栋楼每年80万元的标准收取租金。小李得知后，要求物业公司将该部分租金收入返还给业主。

建设单位、物业服务企业或者其他管理人等利用业主的共有部分产生的收入，在扣除合理成本之后，属于业主共有。因此，小李和小区的其他业主有权要求物业公司返还租金收入，但应扣除物业公司合理的成本。

实践中，为了鼓励物业公司积极利用业主的共有部分产生更多的收益，部分小区的业主会和物业公司约定，利用共有部分产生的收入按照一定比例进行分配，这样物业公司也会比较积极地进行管理和利用，业主也能获利。

【法律依据】《民法典》第282条

三、房屋租赁

29. 依法获得居住权的房屋，可以出租吗？

甲为感激保姆乙生前的照料，在遗嘱中就甲名下的一套房屋为乙无偿设立了终身的居住权。甲去世后，乙对外宣称该房屋是自己的，并发布了房屋的出租广告。该套房屋的继承人丙得知后，要求乙停止出租行为，否则要收回房屋。

居住权作为用益物权具有特殊性，即居住权人对于权利的客体即住宅只享有占有和使用的权利，不享有收益的权利，居住权人不得出租房屋，除非当事人另有约定。居住权也不得转让、继承，居住权期限届满或者居住权人死亡的，居住权消灭。

乙可以依据甲的遗嘱取得居住权。但应注意，乙不因居住权的设立而取得该房屋的所有权，甲的房屋作为遗产归甲的继承人所有。

【法律依据】《民法典》第369条

30. 未经竣工验收的房屋能不能出租？

甲公司是A大楼的建设单位，A大楼尚未办理消防验收和整体验收手续。之后，甲公司将A大楼出租给乙公司，乙公司进行了装修。几个月后，乙公司以租赁合同无效为由，起诉至法院，要求甲公司返还其已经收取的房租及利息，并赔偿装修的损失。没有竣工验收的房屋能否出租呢？

工程未经验收或者验收不合格的，不得交付使用。甲公司将A

大楼出租给乙公司时，没有办理消防和整体竣工验收手续，因此 A 大楼不具备出租使用的条件。甲公司将 A 大楼出租给乙公司的行为违反了法律的强制性规定，租赁合同无效。

合同无效的，应恢复原状，乙公司应返还房屋，但乙公司仍应参照合同约定支付租赁期间的房屋占有使用费。至于乙公司装修的损失，则要看乙公司对租赁合同无效是否有过错，如果乙公司在租赁房屋前并不知道 A 大楼没有通过验收，甲公司刻意隐瞒造成合同无效，存在过错，应赔偿乙方的损失；如果乙公司在租赁前已明知该情况的，则其对合同无效存在一定的过错，乙应自行承担与过错程度相当的损失。

【法律依据】《建筑法》第 61 条第 2 款

31. 违章建筑可以出租吗？

小李刚毕业到外地工作，需要租房子住。小李看中了一套在民房楼顶加盖的铁皮房，价格很合适，但小李不知道这种房子能不能出租。

未依法取得房屋所有权证件的房屋属于违法建筑，违法建筑的房屋不得出租。作为承租一方，租赁前应认真查看出租人的房产证，没有产权证或与产权证登记不符的房屋不能租赁。

小李如果明知是违章建筑的房子仍然承租的，租赁合同无效，到时小李可能不仅要支付房屋占有使用费，还要无条件搬出房屋并自行承担由此造成的损失。

【法律依据】《审理城镇房屋租赁合同案件解释》第 2 条、第 3 条

32. 租客拒缴物业费又不搬走怎么办？

郑女士把闲置的一套房子租给了小王，租期 1 年，小王一次就付了半年的房租外加两个月的押金，郑女士挺开心。可是半年后，小王却总是拖欠房租，在郑女士的催促下，小王把手机银行的转账记录截图给郑女士看，表示房租已经付了。可是等了两天，郑女士也没收到房租，再联系小王时电话已经打不通了。郑女士到银行咨询

后才知道小王给他的截图只是付款的一个步骤，没有点击下一步的话是没有完成付款的。郑女士急了，百般无奈下，向"片警"报备后把门锁换了。可是等了1周，小王还是没消息，郑女士到出租房一看，原来小王又把郑女士新换的锁给换掉了。郑女士该怎么办呢？

房东有权要求租客按约定的时间付房租，如果租客拖延支付房租的话，房东有权要求租客在一定期限内交清房租，并按合同约定要求租客支付延期付款违约金，符合法律规定或合同约定的解除合同条件的，房东可以解除合同，租客应当搬出房屋。如果租客不配合搬家的话，房东还可以要求租客支付因逾期腾房产生的占有使用费。

33. 租客把房屋设施拿走了怎么办？

郑女士把房屋租给了小王，租期届满后，小王要搬走了，郑女士因为上班就没有到现场交接房屋，而是交代小王把钥匙放在物业那里就好。郑女士下班后到出租房一看，发现房屋里的一台冰箱和一台洗衣机不见了，也联系不上小王，郑女士该怎么办呢？

房东在出租房屋时，应当列明房屋内的设施设备具体有哪些，在租客要退租的时候，办理清楚交接手续，避免对房屋状况和屋内设施产生争议。郑女士如果有证据证明其房屋内确实有一台冰箱和一台洗衣机的话，可以向公安机关报案，依法追究小王的法律责任。

34. 以租代买有效吗？

张三在村里有一套房子闲置，李四想买下来住，但李四没有农村户口，没办法签订买卖合同。张三和李四则商量以租代买的形式，双方签订一份70年的租赁合同，并约定合同到期后自动续租，这样可行吗？

租赁合同的期限最长不得超过20年，超过的部分无效。但租赁期间届满，双方可以续订合同，约定的租赁期限自续订之日起不得超过20年。

如果通过租赁的形式来买卖房屋，是以虚假的意思表示实施租赁行为,是无效的,应按照双方隐藏的真实的意思表示即买卖来认定行为的效力。

按照现行规定,农村房屋只能在本集体经济组织成员之间流转,李四不属于本村村民,该买卖行为是无效的。

【法律依据】《民法典》第705条、第146条;《土地管理法》第9条;《严禁炒卖土地通知》第2条;《执行农村建设用地法律和政策通知》第2条第3款

35. 出租房屋的修缮责任由谁承担?

李四向张三租了一套房子,但刚搬进去就发现卫生间漏水,李四要求张三修理,张三找人修好了。李四住了半年,卧室的电灯烧坏了,又找张三要求换个灯,张三表示这个不应由他负责。出租房屋的修缮责任由谁承担呢?

出租人应对房屋及其设备及时、认真地检查和修缮,履行保证房屋居住和使用安全的义务。出租房屋有关设施的损坏一般应由出租人负责修复,如果出租人未履行维修义务的,承租人可以自行维修,维修费用由出租人负担。因维修租赁物影响承租人使用的,应当相应减少租金或者延长租期。但如果是因承租人过错造成房屋损坏的,则应由承租人自行负责修复或者赔偿。因此,建议在房屋租赁合同中对房屋及附属设施的情况予以列明,并明确约定由谁承担修缮责任。

如果承租人想要对出租房进行一定的装修和改善的,应征得出租人的同意。

承租人经出租人同意对房屋进行装饰装修后,租赁期间届满,对于装饰装修费用的承担,要区分装饰装修物是否与房屋形成附合来确定。在双方没有特别约定的情况下,对于已经与房屋形成附合的装饰装修物,承租人不能要求出租人补偿装饰装修费用;对于未与房屋形成附合的装饰装修物,可由承租人自行拆除带走。但如果因拆除造成房屋毁坏的,承租人应当恢复原状。

如果承租人未经出租人同意擅自对房屋进行装饰装修的,出租

人可以要求承租人恢复原状或者赔偿损失。

【法律依据】《民法典》第712条、第713条、第715条；《审理城镇房屋租赁合同案件解释》第11—13条

36. 房屋可以转租吗？

小美租了一套房子，因工作变动，小美要搬走，可是房东表示租期没满，提前退租的话2个月租金的押金不能退。小美和房东商量能不能把房子转租出去，房东说他不管，只管收租。于是小美就把房子租给了小丽，由小丽自行承担剩下半年的租金。小丽租下房子后，以自己的名义按月把房租付给房东。可是小丽刚住满3个月，房东却以小美无权擅自转租给小丽为由，要求小丽立即搬走。房屋不可以转租吗？

未经房东同意，租客不能把房屋擅自转租他人，否则转租无效。但在上面的例子中，转租是有效的，因为小美转租房屋之前已经和房东联系过，房东对转租的情况是明知的。在小丽住进房屋后，房东直接向小丽收取房租，证明房东实际上已经认可了小美和小丽的转租行为，其无权在租期届满前任意要求解除合同。现实中，最好三方签订协议予以确认，避免日后发生争议。

【法律依据】《民法典》第716条

37. 什么是承租人的优先购买权？

李四承租了张三的房子，但张三因需要资金，打算以200万元的价格把房子卖给王五。李四在张三的房子里住习惯了，而且现在也有一定的积蓄，他也想把房子买下来，可是张三却告诉李四，他要买的话，价格是210万元，因为他已经答应卖给王五了，需要另外收取10万元作为他毁约的补偿。李四需要另外给10万元吗？

出租人出卖租赁房屋的，应当在出卖之前的合理期限内通知承租人，承租人享有以同等条件优先购买的权利。"同等条件"主要是指同等的价格、付款方式和付款期限等。张三明知房屋由李四承租，在卖给王五之前却没有告知李四，已经违反了法律的规定。李四得

知后，他有权以同样的价格购买房屋，无须另行支付 10 万元。如果因为李四行使优先购买权，导致张三无法把房屋卖给王五进而承担违约责任的话，也是张三自身的责任，与李四无关。

【法律依据】《民法典》第 726 条

38. 出租人可以免交新冠肺炎疫情期间的租金吗？

因疫情影响以及政府防控措施的要求，甲的餐饮店无法正常开展经营活动，营业额明显下降，导致甲无法依约按时向出租人乙缴纳店铺租金。甲可以免交疫情期间的租金吗？

由于疫情影响以及政府防控措施的要求，造成许多企业，特别是餐饮、美容、健身等服务行业，无法开展经营活动，导致承租人资金回笼困难或者营业额明显下降。国家有出台相应优惠政策，即国有企业、行政事业单位作为出租人，应当在新冠肺炎疫情期间根据政策免除一定期限租金。除国有企业、行政事业单位之外，国家并无明确的减免租金规定，由出租人和承租人协商确定是否减免。

【法律依据】《应对疫情缓解房租压力意见》第 2 条

四、房屋抵押

39. 为他人贷款提供房屋抵押担保有什么风险？

王先生名下有一套房子，因为朋友张三的公司要贷款，想请王先生帮忙以他的房子做抵押担保，并向王先生承诺担保期就 1 年，并且会给王先生担保额度 6% 的报酬。王先生觉得不影响房子使用还有收入挺不错的，他这么做有风险吗？

以房产进行贷款抵押担保，指的是把房产抵押给银行，作为房主自己或者他人贷款的担保，如果贷款归还不了，银行有权拍卖、变卖房屋抵偿贷款。

虽然王先生不需要支付贷款利息等费用，还可以获得一定的报酬，但如果借款人张三的资金链断裂，无法按时归还银行贷款的话，王先生的房子就会被银行用于抵债。所以用房产为他人提供贷款抵押担保是有风险的。虽然担保人在房产被拍卖后有权向借款人追偿，但无法收回已被拍卖的房产。

40. 房屋抵押后能否出售？

王先生以按揭贷款的方式买了一套商品房，但王先生想把这套房子卖了换一套更大的房子，可是王先生还有贷款没还清，房子还处于抵押给银行的状态，王先生能把房子卖了吗？

王先生不论通过何种方式将房屋抵押后，房屋的所有权仍归王先生，他有权将房屋出售。但如果银行和王先生有约定抵押房屋不能转让的，那王先生就不能出售抵押状态的房屋。

如果双方没有约定不能出售，那么王先生可以卖房。房屋出售后，银行的抵押权并不受影响。但为了保护银行的利益，王先生出售房屋前应当通知银行。如果银行证明王先生出售房屋可能损害抵押权，银行可以要求王先生将售房款提前清偿给银行或者提存；售房款超过抵押贷款的部分，归王先生所有，不足部分则由王先生补足。

【法律依据】《民法典》第406条

41. 民间借贷，以房产买卖形式进行抵押有什么风险？

王某向李某借款100万元，王某写了《借条》，约定两年后偿还本金和利息。为了保障李某的资金安全，王某主动提出用自己名下一套价值100万元的房屋作为抵押，双方签订了一份《房屋买卖合同》，约定李某以100万元的价格购买房屋。两人另外还签订一份《协议》约定：如果王某不能按期还款，则履行《房屋买卖合同》，将王某的房屋转让给李某，以房抵债。两年后，王某无力还款，李某要求履行《房屋买卖合同》，但王某不同意，认为该房屋买卖合同无效，双方就买卖合同是否有效产生争议。

当事人以签订买卖合同作为民间借贷合同的担保，借款到期后借款人不能还款，出借人请求履行买卖合同起诉的，人民法院按照民间借贷法律关系审理，并向当事人释明变更诉讼请求。当事人拒绝变更的，人民法院裁定驳回起诉。按照民间借贷法律关系审理作出的判决生效后，借款人不履行生效判决确定的金钱债务，出借人可以申请拍卖买卖合同标的物，以偿还债务。就拍卖所得的价款与应偿还借款本息之间的差额，借款人或者出借人有权主张返还或补偿。

王某和李某签订的《房屋买卖合同》实际上是对借款的担保，合同是无效的，李某只能按照《借条》的约定，要求王某返还100万元的借款本金和利息，如果王某无力偿还，可以申请拍卖房屋。但如果王某的房屋已经被其他债权人申请查封、拍卖，或者王某已经出卖给其他人并办理了过户手续的话，李某的借款就只能通过其他途径实现了。

如果王某和李某在签订《房屋买卖合同》后，办理了过户手续，因不动产物权以登记为准，李某取得房屋所有权。即使王某偿还了借款，也不能要回房屋。

【法律依据】《审理民间借贷案件规定》第 24 条

第二章

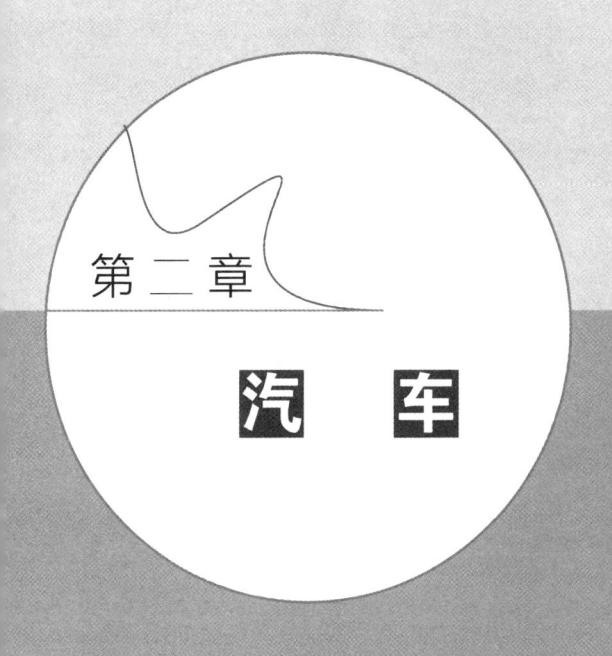

汽　车

汽车是重要的运输工具。审慎汽车交易、依法安全行驶才能维护公共交通秩序，保护人身财产安全和合同权益。

一、汽车买卖

42. 签订汽车买卖合同有哪些应当注意的细节？

甲经过多方比对，决定购买某品牌的汽车，经营该品牌汽车销售服务的4S店的销售经理乙口头提出给予甲一定的优惠，即免费保养期间不按照常规的两年计算，而是按照里程数来计算，只要里程数在两万公里以内，都可以享受4S店的免费保养服务。甲遂与4S店签订了汽车购买合同。两年后，甲打算到该4S店保养汽车，但4S店告知本次保养要收费。甲提出乙曾承诺按照公里数确定免费保养期间，但4S店却告知乙已经离职，4S店对双方的口头约定并不知情，所以只能按照合同约定，甲购买的汽车所享受的免费保养期间只有两年。

消费者在购买汽车时，一定要注意购买合同中的一些细节，其中就包括免费保养期间的计算方式、违约责任、双方义务，等等。双方口头达成的约定应当在正式合同中体现，否则，在履行合同过程中可能产生争议，买方在购买车辆过程中争取到的"优惠"可能落空。

43. 购买的新车很快就出现质量问题该如何解决？

李小姐选定了某品牌轿车一台并与4S店签订了汽车购买合同。但是，在提车当天，车还没有开出4S店，李小姐就发现该车存在漏油问题。李小姐要求4S店为自己更换新车。4S店不同意为其更换，只同意免费修复漏油问题并更换由于漏油而受损的发动机等零部件。双方僵持不下，无法达成一致。经媒体曝光后，4S店与李小姐达成和解协议，由4S店免费更换同款新车，并赠送10年VIP服务等。

根据相关法律规定，经营者应当保证其提供的商品或者服务符合保障人身、财产安全的要求。据调查结果和委托鉴定意见，该4S店销售给李小姐的轿车存在质量问题，虽然不存在主观故意，但仍然违反了法律规定，侵害了消费者的人身、财产安全权利。

遭遇新车质量问题时，消费者可以根据不同的情况进行维权：（1）销售者存在欺诈行为，如新车是二手车翻新的，或者宣传的一些功能不存在等，此时，消费者可以主张"退一赔三"；（2）销售者不存在主观故意，但汽车确实存在质量瑕疵的，消费者可以要求4S店进行修理、更换、退货、减少价款或者报酬等，但只有严重质量问题才能要求更换或退货；（3）汽车存在缺陷造成消费者人身、他人财产损害的情况下，消费者既可向生产者要求赔偿，也可向销售者要求赔偿。

【法律依据】《消费者权益保护法》第7条、第18条

44. 二手车公里数被篡改应当如何处理？

张三在某4S店买了一辆二手车，4S店告知张三这辆车目前的里程数是2000公里，双方签订了买卖合同，公里数也体现在买卖合同中。一年后，张三到4S店保养，此时该车显示里程数为12 000公里。该汽车维修完成后，张三从保养人员处得知该车的实际里程数与显示里程数不符，该车实际里程数应为15 000公里。张三此时才明白该4S店在出售二手汽车时存在故意隐瞒实际里程数的行为。张三要求4S店进行经济补偿，但4S店没有同意。

4S店篡改公里数的行为系隐瞒和欺诈消费者的行为，应当受到行政处罚。张三不仅可以要求经济补偿，甚至可以要求"退一赔三"。最终，4S店与张三达成和解，给张三换了一辆同款新车。

【法律依据】《消费者权益保护法》第55条

45. 购买的二手车被拍卖怎么办？

张三的亲戚李四急于出售一辆二手车。在亲自检查过之后，张三发现这辆二手车行驶里程短、保养好、购买年限不长并且价格十分便宜，于是立即向李四买下了这辆二手车。因双方是亲戚关系，张三碍于情面没有及时要求李四办理过户手续。一段时间后，张三接到银行通知要拍卖其车辆，通过询问得知，李四把车卖给张三后

还把车抵押给银行并获得贷款5万元。张三称自己才是车主，拒绝把车给银行。

因为张三并未办理车辆过户手续，因此在法律上李四仍是车主，并且银行已经依法办理了抵押登记手续，如果张三始终不配合交出车辆的话，银行可以向法院提起诉讼，通过法院的强制执行取得张三占有的二手车。张三只能另行向李四主张权利。

由此可知，在购买二手车时，特别是向个人购买时，应当及时办理过户手续，通过法定程序确认自己对车辆的所有权，避免二手车在买卖后被原车主再设定抵押从而发生纠纷。

46. 二手车"送车上门"靠谱吗？

张三想买一辆二手车，他看到某公司有"送车上门"的服务，就是买方不用到现场办理过户手续，卖方直接办好手续并把车送上门。张三觉得挺方便的，但他还有疑虑，二手车过户手续是怎么办理的呢？这种"送车上门"的服务靠谱吗？

按照我国的车籍管理制度，办理过户一定要车主到场（或者由车主委托他人办理），这种车主不到现场也不需要办理任何委托手续即可过户的情况是不符合规定的。一旦出现"送车上门"这种方式，通常只会出现在非法车辆上。因此，在二手车交易过程中，消费者需要特别注意尽量当场过户，要对二手车"送车上门"的业务说"不"。

47. 哪些二手车不能过户？

张三在办理二手车过户手续时，被告知原车主还有违章行为未处理，不能办理过户。二手车有哪些情形是不能过户的呢？

以下二手车辆无法办理过户手续：（1）机动车与该车档案记载内容不一致的；（2）属于海关监管的机动车，海关未解除监管或者批准转让的；（3）机动车在抵押登记、质押备案期间的；（4）机动车涉及未处理完毕的道路交通安全违法行为或者交通事故的；（5）超过检验有效期未进行安全技术检验的；（6）机动车所有人提交的证明、凭证无效的；(7)机动车来历证明被涂改或者机动车来历证明记载的机动车所有人与身份证明不符的；(8)距《机动车强制报废标准规定》的机动车使用年限不足1年的；(9)机动车被人民法院、人民检察院、行政执法部门依法查封、扣押的；(10)机动车属于被盗抢的。

【法律依据】《机动车登记规定》第9条、第20条

48. "网购"二手车有没有风险？

"网购"二手车时，我们可能会在交易平台上发现一些低价、全新的二手车，而部分商家还标榜"交易快速，没有中介费"。网购二手车靠谱吗？

现实中，一些不法分子手头上根本没有车辆可以提供，他们可能是利用其他同型号车辆的照片，或者直接以PS图片放在网页上进行诈骗。还有一些低价销售的车辆可能是某些不法分子偷盗而来的"赃车"。因此，"网购"二手车对不正常的低价二手车要予以警惕。

消费者如果需要通过网络购买二手车，应当通过正规的交易平台进行，并且在下订单前要核对车辆证件及车辆实物。

二、汽车租借

49. 租赁汽车发生故障，维修责任由谁承担？

张三由于工作需要向李四租借一台轿车，双方就汽车租赁的相关事项商议并草拟了一份合同。张三使用该汽车一段时间后，该车发动机出现故障，于是张三将该车辆暂时返还给李四维修，并承诺会按照维修发票支付维修金。张三看到李四出具的汽车维修账单，发现其中有多项维修项目与发动机故障无关。张三多次向李四询问细节，李四推说不知，只要求张三及时按照约定将维修款项返还给自己。

在汽车租赁的过程中，如果汽车发生故障要维修，或者出现其他问题时，承租人应当与维修方确认需要维修的项目，了解车辆的损害程度，并对维修情况进行跟踪，防止出租人借维修之名把不该修的"修了"，不该换的"换了"，借维修之名收取不该收的"维修费"。张三对李四主张的超范围的维修费用不需要承担责任。

50. 租赁汽车发生自燃，责任由谁承担？

张三向A公司租赁了一辆汽车，作为结婚当天的婚车使用，并缴纳了3万元的费用作为押金。结婚当天，迎亲车队刚出发不到10分钟，租赁的这辆车就着火了，好在发现及时，车上人员没有受伤。为了及时参加婚礼，张三交代朋友和A公司处理汽车的问题，自己则匆匆赶往新娘家。婚礼结束后，张三要求A公司全额退还3万元，可是A公司却要求张三赔偿车辆被烧毁的损失30万元。张三应承担赔偿责任吗？

原来是因为A公司没有购买自燃险，为了让保险公司理赔，张三的朋友应A公司工作人员的要求，谎称驾驶车辆过程中有碰撞到异物。但保险公司仍没有理赔，后来A公司就以张三不当使用汽车为由转而要求张三赔偿损失。最终经过鉴定，确定汽车是自燃而不是人为造成的烧毁。A公司全额退还张三3万元押金，汽车烧毁的损失由A公司自行承担。

在租赁汽车过程中，承租方应当在接车前仔细检查车辆状况。使用过程中如果发生事故，应第一时间报警，并通知出租方，而且应当实事求是地告知情况，如果为了骗取保险公司的理赔而弄虚作假，轻则无法获得赔偿，重则涉嫌保险诈骗罪。如果租赁双方对车辆事故原因有分歧，可以委托权威的鉴定机构进行鉴定。

51. 出借车辆发生交通事故的责任如何分配？

张三和李四是多年至交好友，张三经常外出办事，所购买的汽车闲置。李四尚未取得机动车驾驶证，但驾驶技巧娴熟。出于对李四驾驶技能的信任，张三将汽车免费出借给李四使用。某日，李四驾驶张三的汽车与同事外出游玩,途中不幸发生车祸,李四的同事受伤。后来,李四的同事要求张三和李四共同赔偿其医疗费损失等。张三认为车辆已经出借给李四,且交通事故是李四驾车不慎造成的,与自己无关,是这样吗?

因租赁、借用等情形机动车所有人与使用人不是同一人时,发生交通事故后属于该机动车一方责任的,由保险公司在机动车强制保险责任限额范围内予以赔偿。不足部分,由机动车使用人承担赔偿责任;机动车所有人对损害的发生有过错的,承担相应的赔偿责任。在本案中,张三明知李四没有机动车驾驶证,仍然把车借给李四,对交通事故的发生显然存在过错,应承担相应的赔偿责任。建议车主应当在了解清楚借车人情况后再出借车辆,不要因为碍于面子或其他原因导致自己"借了车子又赔钱"。

【法律依据】《民法典》第1209条

三、汽车保险

52. 什么是汽车商业险?

甲购买了新车后,便将交强险一起购买了。这时,保险公司销售人员向甲介绍了该公司推出的汽车商业险,尤其是第三者责任险。甲认为自己会很小心地开车不需要购买商业险。那么,商业险是什么呢?

汽车商业险,是指以机动车辆本身及其第三者责任等为保险标的的一种运输工具保险。交强险是依法强制购买的,而商业险是自愿购买的,常见的商业险还有车损险、盗抢险、车上座位责任险、涉水险、自燃险等险种。

在商业险的险种中,"三者险"是指合格驾驶员在使用被保险车辆过程中发生意外事故而造成第三者的财产直接损失与人员伤亡,依法应当由被保险人承担的经济责任,由保险公司负责承担。"三者险"与"交强险"虽然都是对第三者的损失进行赔偿,但

"三者险"是对"交强险"的补充。"交强险"的赔偿是有法定限额的,而"三者险"则可以由车主根据自身情况自主购买一定的额度。

53. 车上丢手机,盗抢险赔不赔?

甲购买了一手车后,除了为其投保了交强险和三者险,还为车辆投保了盗抢险。某日,甲发现自己放在车中的一部新手机被偷窃,认为触发了盗抢险的赔偿机制,要求保险公司赔偿。那么,车上的物件丢失,属不属于盗抢险的赔偿范围呢?

盗抢险,全称是机动车辆全车盗抢险,机动车辆全车盗抢险的保险责任为全车被盗窃、被抢劫、被抢夺造成的车辆损失以及在被盗窃、被抢劫、被抢夺期间受到损坏或车上零部件、附属设备丢失需要修复的合理费用。可见,盗抢险的保护对象是车辆本身,而不是车内物品,所以,车上物件被盗窃不能得到盗抢险的赔付。

54. 撞到自家人,保险赔不赔?

甲送父母外出,离开时由于视线盲区的原因,误撞了其父亲,导致其父亲小腿骨折。在这种情况下,保险公司会不会进行赔付呢?

在购买了交强险和三者险的情况下,驾驶员和被保险人为同一人,开车撞到直系亲属(父母、配偶、子女)的话,是可以申报保险,由保险公司理赔的。但如果被保险人不是驾驶员的话,那么保险公司将不予理赔。

55. 汽车经过积水路段造成损失,涉水险赔不赔?

甲驾车上班,途中必须经过一个涵洞。某日,涵洞积水,甲不得不开车经过,到达单位后,该车辆发动机进水并且无法使用了。这种情况下,涉水险赔不赔呢?

涉水险主要是车主为发动机购买的附加险,主要是保障车辆在积水路面涉水行驶或被水淹后致使发动机损坏,保险公司可给予赔偿。但如果被水淹后车主还强行启动发动机而造成了损害,那么保险公司将不予赔偿。

如果涵洞积水不深，车辆可以正常经过，甲开车经过导致发动机进水的，涉水险应当赔偿。如果涵洞积水较深，车辆不能正常通过的情况下，甲还强行驾车通过，或者是甲在正常驾车经过的时候车辆熄火，甲又强行启动车辆，导致发动机进水的，涉水险不赔。

56. 汽车改装后发生交通事故，保险公司可以拒绝赔偿吗？

甲在4S店购买了汽车后，自行在其他车行进行了汽车改装，包括加装氙气灯、护杠，等等。这种汽车改装是比较常见的，那么改装车发生交通事故，保险公司可以拒赔吗？

改装、加装或被保险家庭自用汽车、非营业用汽车从事营业运输等，导致被保险机动车危险程度显著增加的，应当及时书面通知保险人。因被保险机动车危险程度显著增加而发生的保险事故，保险人不承担赔偿责任。如果属于改装与事故不存在因果关系、没有增加车辆的危险程度、保险公司知情且不反对、保险公司并未明确告知不能改装等情形的，保险公司仍应理赔。因此，一般来说，当车辆改装后发生事故，车主还是可以申请理赔的。

57. 车辆转让未办理变更登记，发生事故保险公司会理赔吗？

甲将汽车转让给乙后，乙因工作繁忙一直没有办理过户手续，但乙以自己的名义办理了保险。后来，乙驾驶该车辆出现事故，保险公司因为车辆没有过户而拒绝赔偿。

财产保险的被保险人在保险事故发生时，对保险标的具有保险利益。保险利益是指投保人或者被保险人对保险标的具有的法律上承认的利益。就车险而言，占有、保管、租用车辆的情况下，都可以认为具有保险利益。

甲将车卖给乙，乙虽未办理过户登记手续，但乙已经合法取得该车所有权并实际占有、使用车辆，该车的损坏可能造成乙的经济损失，因此，乙对该车具有保险利益，当车辆出现保险事故时，保险公司应按乙所购买的财产保险条款的规定，依法进行理赔。

尽管车辆未过户可能不影响车险理赔，但为了避免争议，买车后应尽快办理车辆转移登记及保险的变更。

58. 汽车受损但找不到责任人，保险赔不赔？

甲某天早上发现自己的车辆顶棚被几块石头砸中，车辆受损情况较为严重。公安机关调取附近的道路监控摄像机拍摄的监控数据并对附近居民进行询问，仍然找不到应对此事负责的责任人。这种情况下，保险公司会不会赔偿甲的损失？

在己方无责但无法找到肇事方且甲已经为该车辆投保了车损险的情况下，根据甲和保险公司签订的保险合同约定进行赔偿。一般来说，保险公司会承担部分赔偿责任。但车主还可以购买"无法找到第三方特约险"，这样发生此类事故就可以获得全赔了。

59. 酒驾事故，保险赔不赔？

甲酒后驾车发生了交通事故，造成他人车辆严重损毁，这种情况下要求保险公司赔付，保险公司会赔偿吗？

饮酒后驾车是指车辆驾驶人员血液中的酒精含量大于或者等于20mg/100ml、小于80mg/100ml的驾驶行为。醉酒驾车是指车辆驾驶人员血液中的酒精含量大于或者等于80mg/100ml的驾驶行为。

交强险作为法定的机动车保险，是国家为了保障机动车交通事故中受害方利益的一种强制性措施。驾驶人饮酒驾驶发生事故时，保险公司仍需按照正常保险责任进行赔偿；如果是醉驾，则只需在交强险限额内垫付抢救费用，并有权对驾驶人进行追偿。对于商业险来说，无论是饮酒驾驶还是醉酒驾驶，都是严重的交通违法行为，一旦引发交通事故，保险公司是不予赔偿的。

【法律依据】《车辆驾驶人员血液、呼气酒精含量阈值与检验》第3.3条，第3.4条，第4.1条；《办理醉驾案件意见》第1条、第2条。

四、行车安全

60. 交规繁复，几多入刑？

某日，甲正与朋友聚餐饮酒时，突然想起晚上还要加班，于是便匆匆驾车赶往公司。当甲行驶至某一路口时，遇到交警查酒驾，经过吹气检查，甲确实酒精含量超标，随后甲被警察带往派出所，经抽血检查，甲的血液酒精浓度确实超标，甲将面临什么样的处罚呢？

如果甲血液中的酒精含量在20mg/100ml—80mg/100ml之间，属于酒驾。将受到行政处罚，即暂扣6个月机动车驾驶证，并处1000元以上2000元以下罚款。如果酒精含量大于或者等于80mg/100ml的，属于醉驾，不仅将受到行政处罚，即由公安机关交通管理部门约束至酒醒，吊销机动车驾驶证，5年内不得重新取得机动车驾驶证，还构成危险驾驶罪，将被处以拘役，并处罚金。

如果酒驾或者醉驾者拒不配合交警执行公务的行为，还以暴力、威胁方法阻碍其依法执行职务的，构成妨害公务罪，将被处3年以下有期徒刑、拘役、管制或者罚金。

【法律依据】《车辆驾驶人员血液、呼气酒精含量阈值与检验》第3.3条、第3.4条、第4.1条；《道路交通安全法》第91条；《刑法》第133条之一、第277条

61. 酒精超标一定是酒驾吗？

甲平日喜食荔枝，每逢荔枝丰收时节，经常大量食用。某日，甲恰遇交通警察抽查某路段酒后驾车的情况，甲离家前并未饮酒便安心接受检查。但是，经过吹气检查，发现甲酒精含量达到并超过了公安机关对于酒驾的标准。甲坚称自己没有饮酒，酒精含量超标是等待检查时食用过多荔枝导致的。交通警察为求证，对甲进行血

液检测，检测结果显示酒精含量未超标。食用甲车内的部分荔枝后测试，血液酒精浓度果然达到了酒驾标准。

根据法律规定，凡血液酒精浓度超过酒驾标准的，认定为酒后驾车；超过醉驾标准的，认定为醉酒驾车。但是在本案中，甲主张自己酒精含量超标是食用过多荔枝导致并通过血液检测的结果加以证明，因此可以免于行政处罚。

【法律依据】《车辆驾驶人员血液、呼气酒精含量阈值与检验》第4.1条

62. 在小区内发生刮擦属于交通事故吗？

某日甲驾驶车辆离开小区的时候，不慎刮擦了乙停靠在规定车位内的汽车。乙得知后认为属于交通事故，要求通知交警对该起事故进行认定。甲却认为小区内不属于公共交通道路，不应认定为公共交通事故。

根据《道路交通安全法》所确定的"道路"的定义，"道路"是指公路、城市道路和虽在单位管辖范围但允许社会机动车通行的地方，包括广场、公共停车场等用于公众通行的场所。很明显，小区内道路同样属于公众通行的场所，该刮擦事件应当属于交通事故，由公安机关交警部门进行事故认定。

【法律依据】《道路交通安全法》第119条

63. 学车时发生交通事故，谁来承担责任？

某驾校学员为了进行驾驶证资格第三科目的考试，在驾校教练的陪同下，进入公共交通道路进行训练。在途中，由于操作不熟练，车辆撞上路边行道树，撞伤了在树下休息的另外一位学员，驾驶座学员也因没有系好安全带，鼻骨骨折。事故责任应由谁承担呢？

在道路上学习驾驶，应当按照公安机关交通管理部门指定的路线、时间进行。在道路上学习机动车驾驶技能应当使用教练车，在教练员随车指导下进行，与教学无关的人员不得乘坐教练车。学员在学习驾驶中有道路交通安全违法行为或者造成交通事故的，由教

练员承担责任。

驾校教练对于行车过程中的学员负有较高的安全注意义务。其中就包括提醒学员系好安全带、调整好后视镜角度，等等，预防交通事故的发生。由于教练的主观过错，导致了驾车学员和车外学员受到侵害，教练应当承担赔偿责任。

本案中，被撞伤的车外学员的损失应先由交强险的承保公司在交强险责任限额范围内予以赔偿。超出交强险赔付范围的，由保险公司根据保险合同在商业三者险的限额内予以赔偿，仍有不足的，由教练赔偿。但教练系驾校员工，根据《民法典》的规定：用人单位的工作人员因执行工作任务造成他人损害的，由用人单位承担侵权责任。事故发生时教练系履行职务行为，故如有不足部分的损失，应由驾校赔偿。

如果交通事故的发生并不是因为教练未加提醒，而是驾车学员的过错造成的，那么驾车学员也应承担与其过错相当的责任。

【法律依据】《道交法实施条例》第20条；《民法典》第1191条

64. 单位司机发生交通事故，由谁承担责任？

甲是某单位司机，其在完成单位运输任务过程中，发生了交通事故，造成受害人乙骨折和其他部位不同程度的损伤。该单位坚称该起事故系甲个人不慎造成的，单位不承担任何赔偿责任。

根据我国法律规定，甲和单位之间存在劳动关系，甲是执行用人单位指令完成运输任务，甲的行为应当认定为职务行为。根据法律规定，用人单位的工作人员因执行工作任务造成他人损害的，由用人单位承担侵权责任。

【法律依据】《民法典》第1191条

65. 遇到"碰瓷"怎么办？

某日，甲行车途中看到前方交通信号灯显示黄灯，便慢慢减速。突然，路边冲出一人，前冲几步之后倒在甲的车前。甲下车询问，此人竟宣称甲的车辆撞伤了他。

遭遇"碰瓷"，驾驶者应立即报警，并向保险公司报案，同时对现场情况拍照留存记录，以便日后维护自身权益。遇到碰瓷者进行言语或者武力威胁时，驾驶者应立即坐回车内并将车辆反锁，随后迅速报警，如果条件允许，可以用手机或者相机进行录像取证，尤其是记录碰瓷者的长相、位置等细节。需要注意的是，无论对方是否"碰瓷"，驾驶者都不应擅自驶离事故现场，应等待警方到达现场后进行处置。若擅自离开事故现场，驾驶者将可能构成交通肇事逃逸。

目前还存在一种碰瓷行为，即"没事你走吧"，碰瓷者会首先要求留下对方手机号，然后又主动提出自己没什么大事，让"肇事方"驶离，随后会再次联系对方，称如果不给钱，会报警称对方驾车逃逸。因此，碰到"伤者"主动"示好"时，也要留个心眼，务必拍照或录像存证。

66. "网约车"乘客在交通事故中要承担责任吗？

颜某乘坐廖某驾驶的网约车，因路上拥堵，车辆停驶等待过程中，颜某打算下车并开启右后车门时，与同向的骑车人秦某发生碰撞，造成秦某受伤。该事故经公安机关交通管理部门认定廖某负全部责任。作为乘客的颜某要不要承担责任呢？

机动车发生交通事故造成人身伤亡、财产损失的，由保险公司在交强险责任范围内予以赔偿。对超出交强险范围的损害部分，应由侵权人予以赔偿。廖某作为驾驶人，对车辆行驶过程中的不安全因素应有必要的认知和预判。但鉴于廖某是在接受网约车出行平台指派，属履行出行平台与颜某的客运合同的职务行为，网约车平台应承担相应的责任。颜某作为车辆乘客，在明知车辆未到安全停靠地点即开启车门下车，又未提高注意义务，其行为存在过错，亦应承担相应的侵权责任。因此，秦某的损失应由保险公司先行赔付，对秦某超出保险赔偿范围的损失，由颜某与网约车平台各承担相应的赔偿责任。

【法律依据】《审理交通事故赔偿案件解释》第16条；《民法典》第1172条、第1191条、第1213条

67. 代驾发生交通违规事件怎么办？

黄某在晚餐喝酒后，通过某 App 平台叫了代驾，随后王某作为平台代驾司机与黄某取得联系，车辆行驶过程中与余某发生碰撞，造成余某受伤。余某的损失谁来承担呢？

代驾 App 平台是应用程序的开发设计持有者、所有人，以互联网技术为依托构建服务信息，整合供需信息。由此可见，平台的地位不仅是代驾、快车、专车等业务的平台构建者，同时是相关业务的经营主体，是运营利益享有者。本案中，应由 App 平台承担赔偿责任，如果 App 平台与司机、平台代驾业务的具体运营公司、与代驾司机签订劳务协议的公司等主体之间还有关于责任分配的约定的，再由其按照内部约定去追究各方的相应责任。

第三章

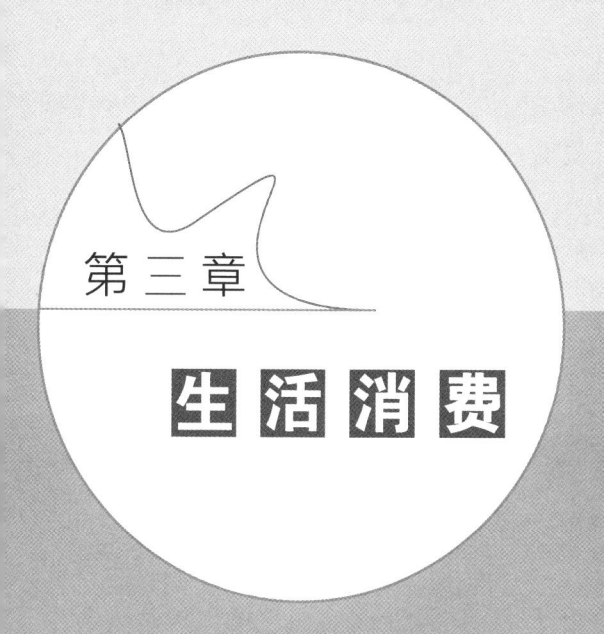

生活消费

日常生活离不开消费。商品和服务关系到消费者生命、健康和财产安全,消费者权益受法律确认和保护。

一、日常生活

68. 是正当防卫还是故意伤害？

2018年12月26日晚，赵某发现楼下有人呼救，下楼制止施暴，挣扎之中踹到了施暴者的腹部，被警方以涉嫌故意伤害罪拘留14天，后又被以过失致人重伤罪被公安机关移交检察院审查起诉，检察院以防卫过当，对赵某作出不起诉决定，社会舆论对此高度关注。2019年3月1日，检察院重新作出认定，认为赵某的行为属于正当防卫，不应当追究刑事责任，依法对赵某作出无罪的不起诉决定。3月19日，赵某收到公安机关送来的《见义勇为确认证书》，并获得市见义勇为基金会的表彰。

赵某是在与施暴者斗争过程中才伤到施暴者，属于正当防卫。正当防卫是指为了使国家、公共利益、本人或他人的人身、财产和其他权利免受正在进行的不法侵害，而采取的制止不法侵害的行为。因此，赵某的行为不属于故意伤害，也不是过失致人重伤，而属于正当防卫。因正当防卫造成损害的，不承担责任。

赵某的行为同时符合见义勇为的表现。见义勇为，是指公民在法定职责、法定义务之外，为保护国家、集体利益和他人的人身、财产安全，挺身而出，与正在发生的违法犯罪行为做斗争或者抢险、救灾、救人的合法行为。

如果因见义勇为、自愿实施紧急救助行为造成受助人损害的，救助人也不承担民事责任。

【法律依据】《民法典》第181条、第183条、第184条；《刑法》第20条

69. 紧急避险造成的损失由谁承担？

某小区1号楼101单元的业主吴先生抽烟时不小心点燃阳台的

窗帘引发火灾，消防员及时赶到并在半小时内扑灭火势。在消防员灭火的过程中，住在隔壁2号楼202单元的张先生看到浓烟弥漫，担心火势蔓延把自己困住，情急之下从2楼阳台跳下，不慎摔伤。事后，张先生要求吴先生赔偿其医疗费等损失，吴先生却认为张先生的行为不属于紧急避险，不应由其承担赔偿责任。

因紧急避险造成损害的，由引起险情发生的人承担民事责任。危险由自然原因引起的，紧急避险人不承担民事责任，可以给予适当补偿。因紧急避险采取措施不当或者超过必要的限度，造成不应有的损害的，紧急避险人应当承担适当的民事责任。

造成张先生受伤的险情是由吴先生引起的，吴先生应承担一定的责任。但张先生住在2号楼，而起火点是在1号楼，即其所处单元并非是火灾烟雾直接发生地；火灾在蔓延之前已及时被消防支队扑灭。因此从当时的火灾现场情况看，其危险程度尚未达到必须选择从二楼阳台跳楼逃生的危险程度，张先生因紧急避险采用措施不当，造成不应有的损害的，应当自行承担适当的民事责任。

【法律依据】《民法典》第182条

70. 寄存物品的丢失责任由谁承担？

张阿姨在一家超市购物时，将随身携带的包包寄存在超市的自助寄存柜处。购物出来后，用密码条却怎么也打不开箱门，便找来超市的工作人员打开柜门，却发现包包不见了，包里的2000元现金等物品丢失。张阿姨认为超市未尽到保管义务，要求超市赔偿2000元损失。超市则认为自己提供的是自助寄存服务，不是保管服务，责任不在超市，不应予以赔偿。双方争执不下，张阿姨诉至法院。

保管合同是保管人保管寄存人交付的保管物，并返还该物的合同。保管合同自保管物交付时成立，但当事人另有约定的除外。保管合同的成立，不仅须有当事人双方对保管、寄存物品达成的一致意思表示，而且还须寄存人向保管人移交寄存物。

本案中，张阿姨选择自助寄存，而没有将物品交付超市进行人工寄存，因此双方没有达成保管合同的意思表示。同时，张阿姨只是使用自助寄存柜,实现了自己对包包的继续控制与占有,丢失的包包从未交给他人保管。因此,双方并未形成保管合同关系,而是无偿借用合同关系。

在无偿借用合同关系中,除非张阿姨有证据证明超市提供的自助寄存柜本身存在质量问题,或者损失是因为超市的故意或者重大过失造成的。本案中,超市在醒目位置标明了"操作步骤"和"寄包须知",表明超市已对可能危及财产安全的自助寄存服务作出了说明和警示,已尽到必要的说明、提醒义务,并不存在故意或过失责任。因此,自助寄存物品遗失的责任,不应由超市承担;贵重物品不宜自助寄存。

【法律依据】《民法典》第 888 条

71. 是意外之财还是不当得利?

王小姐一天突然发现自己的银行卡中多了 5 万元,她并不清楚款项的来源。在虚荣心的驱使下,她用这笔钱买下了心仪已久的包包。可是没过多久,她就收到了法院的传票,原来是一位李先生误将款项转到王小姐的卡上,李先生发现失误后联系王小姐遭到其拒绝,随即到法院主张权利。王小姐后悔不已,钱已被她花完了,她不知如何是好。

不当得利,是指在没有任何法律依据或者合同依据的情况下,获得利益,并造成他人损失。因他人没有法律根据,取得不当利益的,受损失的人有权请求获利一方返还不当利益。

王小姐银行卡里的 5 万元并非其合法来源的财产,而是李先生不小心输错账号误转的款项,王小姐没有任何依据获利,李先生因此受到损失,有权要求王小姐返还。即便王小姐已经把这 5 万元花完了,她也有义务通过其他方式向李先生返还这笔款项。

【法律依据】《民法典》第 122 条

72. 无因管理可以主张报酬吗?

村里的老王去城里看望孙子,走的时候忘了把一只公牛关好,导致这只公牛跑出来,到老李家的菜地里吃了不少青菜,还践踏了好大一片菜地。老李好不容易把公牛牵回牛舍,但他知道老王一周都不回来,担心这只公牛饿死,就每天给公牛喂食。等到老王回来的时候,老李和老王说了这事,在老王感激之余,老李要求老王赔偿他菜地的损失、喂食公牛的费用,还有这一周为老王看牛的报酬。

老王在赔偿老李菜地损失,并支付这几天公牛的吃食费用后,对于老李要求额外支付报酬的请求,老王并没有答应。两人产生嫌隙。

无因管理,是指没有法定的或者约定的义务,为避免他人利益受损失而进行管理的行为,管理者有权请求受益人偿还由此支出的必要费用,但不能要求受益人支付报酬。

在村支书解释沟通下,老王带了些城里的特色美食上老李家表示感谢,两人握手言和,消除隔阂。

【法律依据】《民法典》第121条

73. 和朋友相约爬山意外受伤,能否向朋友主张赔偿?

小王是一名登山爱好者,有一天,小王和朋友小李周末相约一起去爬一座比较险峻的山,小王和小李一前一后。在登山过程中,小王被后面追赶上来的小李不小心撞了一下滑倒受伤,造成左腿粉碎性骨折。小王能否要求小李承担赔偿责任?

《民法典》确立了"自甘风险"规则,规定自愿参加具有一定风险的文体活动,因其他参加者的行为受到损害的,受害人不得请求没有故意或重大过失的其他参加者承担侵权责任。

自甘风险也叫危险的自愿承担,其构成要件是:(1)组织者组织的文体活动有一定的风险,如蹦极;(2)受害人对该危险有意识,但是自愿参加;(3)受害人参加此活动因其他参加者的行为造成损害;(4)组织者、其他参加者没有故意或重大过失。

小王自愿与小李相约爬山,对登山活动可能带来的危险应当是有所认识的,若小王不能证明自己受到的损害是因朋友小李的故意或重大过失引起的,那么小王就不能向朋友小李主张损害赔偿。

【法律依据】《民法典》第 1176 条

74. 参观人打碎贵重艺术品，展览方是否有权扣留参观人随身贵重首饰？

甲在参观艺术品展览时，不小心打碎了一个珍贵花瓶。展览方是否有权扣留甲的随身贵重首饰？

我国《民法典》规定，合法权益受到侵害，情况紧迫且不能及时获得国家机关保护，不立即采取措施将使其合法权益受到难以弥补的损害的，受害人可以在保护自己合法权益的必要范围内采取扣留侵权人的财物等合理措施；但是，应当立即请求有关国家机关处理。

展览方扣押甲随身贵重首饰，使自己的合法权益不会落空，该行为符合法律规定的自助行为的要件。但是，展览方应当及时联系有关国家机关介入处理。

【法律依据】《民法典》第 1177 条

75. 签了赠与合同可以不履行吗？

王老板经营一家车行，个人名下有多辆豪车。小李是王老板多年至交，因经营困难找他帮忙，王老板便答应将名下的一辆车赠与小李，两人还签订了一份《赠与合同》。王老板的老婆知道这事后，坚决反对，王老板遂撤销了赠与。小李可以要求王老板继续履行赠与义务吗？

我国《民法典》规定，赠与人在赠与财产的权利转移之前可以撤销赠与。经过公证的赠与合同或者依法不得撤销的具有救灾、扶贫、助残等公益、道德义务性质的赠与合同，不适用前款规定。

王老板没有将车交付给小李，也没有给小李办理车辆过户手续，可以随时撤销赠与，不履行赠与义务。

【法律依据】《民法典》第 658 条

二、日常消费

76. 哪些是"霸王条款"？

王女士穿着前两天买的价值5000元的大衣到餐厅吃饭，因为担心衣服被弄脏，王女士将衣服放在座位边上，王女士吃完饭时，发现衣服不见了，遂要求餐厅赔偿，但餐厅认为，王女士是否丢失衣服，丢失的是什么衣服均不确定，且餐厅已经张贴了告示，表示："请保管好自己的物品，丢失本店概不负责。"其不应当赔偿王女士的损失。

王女士无奈诉至法院，根据监控录像显示，王女士确实是穿着大衣到餐厅，而且事发时王女士立即报警了，可以确定大衣被盗的事实。根据王女士提供的购物发票，可以确定大衣的价值为5000元。餐厅应当尽到安全保障义务，该义务不因张贴告示而免除。现王女士的衣物被盗，餐厅应对王女士所受损失承担赔偿责任。

在日常消费过程中，大家都或多或少遇到过不少类似"本店概不负责"的"霸王条款"，有哪些常见的情形属于"霸王条款"呢？

（1）餐饮娱乐：

①禁止自带酒水；

②包间设置最低消费；

③消毒餐具收费；

④预存款概不退还；

⑤减少订席请提前15天告知，否则按原订席数全额收费。

（2）购物：

①特价商品概不退换；

②本商场拥有本次活动的最终解释权；

③赠品不实行三包；

④商品上的保修贴不得撕毁、损坏，否则不予保修；

⑤订金一律不退。

（3）快递：

①先签收后验货；

②易损易腐货物在途中损坏、腐烂，本公司概不负责；

③因节假日造成的延误，承运人不承担责任；

④包装未损坏，箱内货物损坏与本公司无关。

如果大家再遇到类似的霸王条款，果断拨打12315投诉，或者向市场监督管理部门等主管机关投诉，如果涉及侵权，还可以向法院起诉。

77. "打折不开票""发票用完了"，是真的吗？

小王到一家服装店购买衣服，消费后向商家索要发票，但该商家以衣服已经进行打折为名不开发票，小王维权意识较强，告知该商家若是不开发票将向有关部门反映情况。最后，商家才开具发票。

胡先生到某餐厅消费，在结账后要求该餐厅开具发票，但该餐厅工作人员却告知本月发票用完了，无法开具发票，并要求其等待到下个月再来开。可第二个月胡先生多次到这家餐厅索要发票依旧无果，无奈只能拨打税务部门的12366热线请求帮助，在税务局的帮助下，胡先生才拿到该餐饮店出具的发票。

按照有关法律规定，商家要按照打折、让利后的实际营业额向消费者提供发票。也就是说消费者在进行消费之后，不管商家打不打折，也不管消费金额的大小，只要消费者索要发票，商家就必须出具发票。因此，小王所到的服装店称打折后不开票完全没有依据。

按照有关法律规定，填开发票的单位和个人必须在发生经营业务确认营业收入时开具发票。因此，胡先生所到餐厅应在胡先生消费付款时开具发票，不得提前或滞后。

如果消费者碰到商家以各种理由拒开发票，可以保存相关证据如点菜单、结算小票、收据等资料，并提供商家具体名称和地址，可拨打税务服务热线12366进行电话举报，或登录税务部门的网站，对税收违法行为进行举报。

【法律依据】《发票管理办法》第 19 条；《发票管理办法实施细则》第 33 条

78. 在酒店饮酒后死亡，酒店和共同饮酒人需要承担责任吗？

王某和李某、张某在某酒店餐厅吃饭，酒过三巡，大家兴致未减，不知不觉喝到了凌晨，李某和张某表示要离开，王某则已经醉了，嚷嚷着要在餐厅的凳子上休息一会儿，等酒醒一些再回去。李某和张某觉得这样也好，并与酒店工作人员一起把餐椅拼成简易床铺，让王某休息。王某躺下后就不再动弹了，李某和张某以为王某睡着了，于是给工作人员留下联系电话后就各自回家了。凌晨 3 点，酒店餐厅打烊，工作人员打算叫醒王某时，发现王某嘴角有红色呕吐物、无法叫醒，即打电话通知李某和张某，李某和张某赶到后发现情形不对，遂拨打了 120。医护人员赶到后确诊王某已经死亡。餐厅即报了 110。后经鉴定，王某死亡原因为不排除醉酒后猝死可能。

后来，王某的妻子把李某和张某、酒店共同告上了法庭，要求他们共同赔偿王某死亡的损失 80 万元。

法院经审理认为，王某与李某、张某三人一同前往酒店餐厅喝酒，在王某明显醉酒并提出留宿餐厅后，酒店经营者未妥善处理，将其送医醒酒；李某、张某作为一同喝酒者，在此情况下也未尽送医或报 120 的通知义务，而是同意王某留宿餐厅并离去。李某和张某、酒店的不作为与王某的死亡存在一定的因果关系，应承担相应的民事责任。但王某系成年人，应当知道醉酒的危害，故对其自身的死亡应承担主要的责任。法院最终判决王某自行承担 70% 的责任，酒店承担 20% 的责任，李某、张某共同承担 10% 的责任。

从上述案例看来，共同饮酒有风险，但不能因此个案而影响正常的人情交往，只是应注意不宜饮酒过量，或者在发现同饮者已经醉酒时，应当采取适当措施送醉酒者回家或者送医醒酒。

法律规定，宾馆、商场、银行、车站、娱乐场所等公共场所的管理人或者群众性活动的组织者，未尽到安全保障义务，造成他人损害的，应当承担侵权责任。因此，如果酒店未对醉酒者尽到安全保障义务的，可能承担侵权责任。

【法律依据】《民法典》第 1198 条

79. 你有没有遇到过"价格欺诈"？

大家可能听说过各种"天价"消费事件，如某地 100 元一锅的白粥！某岛 38 元一只的天价虾！某旅游区住一天就要 3200 元的土炕标间！还有某国际机场 10 元一张的打印费！

你在逛超市的时候，有没有遇到过这种情况：明明看到酱油的标签上显示特价 5.9 元，结账的时候却显示 10.9 元，等你发现后找到经理，经理却告诉你，特价活动到昨天就结束了，今天已经恢复原价，可能是调价员没来得及更换价签。这时，你只能默默自认倒霉。

殊不知，这些"天价"消费、"低标高卖"背后，可能隐藏的是"价格欺诈"！

经营者收购、销售商品或者提供有偿服务，应当依法明码标价。如果需要降价销售商品和提供服务，应当如实说明降价原因、降价期间，并使用降价标价签。否则，可能涉嫌价格欺诈，即经营者利用虚假的或者使人误解的标价形式或者价格手段，欺骗、诱导消费者或者其他经营者与其进行交易的行为。

如价目表标明：海捕大虾 38 元，消费者正常都会以为是 38 元一份，谁能想到结账时变成了 38 元一只？这种误导性标价的行为，就属于价格欺诈。

法律规定，下列情形属于价格欺诈行为：

（1）标价签、价目表等所标示商品的品名、产地、规格、等级、质地、计价单位、价格等或者服务的项目、收费标准等有关内容与实际不符；

（2）对同一商品或者服务同时使用两种标价签或者价目表；

（3）使用欺骗性或者误导性的语言、文字、图片、计量单位等标价；

（4）标示的市场最低价、出厂价、批发价、特价等无依据或者无从比较的；

（5）降价销售所标示的折扣商品或者服务，其折扣幅度与实际不符的；

（6）销售处理商品时，不标示处理品和处理品价格的；

（7）不如实标示馈赠物品的品名、数量或者馈赠物品为假劣商品的；

（8）带有价格附加条件时，不标示或者含糊标示附加条件的；

（9）虚构原价，虚构降价原因，虚假优惠折价，谎称降价或者将要提价的；

（10）收购、销售商品和提供服务前有价格承诺，不履行或者不完全履行的；

（11）谎称收购、销售价格高于或者低于其他经营者的收购、销售价格的；

（12）掺杂掺假，短缺数量，使数量或者质量与价格不符的；

（13）实行市场调节价，谎称为政府定价或者政府指导价的。

【法律依据】《禁止价格欺诈规定》第6条、第7条

80. 职业打假人有权主张三倍赔偿吗？

一个叫邢某红的职业打假人盯上了某品牌的电动车，分多次在李某兰经营的车行购买了某车业有限公司生产的某品牌电动自行车20辆，单价4100元/辆，价款共计82 000元，邢某红支付价款后收到某车业有限公司的发票。

随后，邢某红以其购买的某品牌电动自行车实际最高车速、制动性能、整车重量、蓄电池标称电压和脚踏行驶能力等参数指标严重不符合合格证书和说明书，存在安全隐患及不合理危险，侵犯消费者人身、财产安全为由，将某车业有限公司起诉到法院，要求退还货款82 000元，并支付3倍惩罚性赔偿金246 000元，共计328 000元。

法院审理后认为，某车业有限公司生产的电动车在解除限速的

状态下，确实不符合其产品说明书及合格证书的参数及要求。但在邢某红购买电动车时，经销商已明确告知了电动车的具体情况和数据，并未故意隐瞒，因此，不构成欺诈。法院同时认定，邢某红作为职业打假人，并非为生活消费需要购买、使用商品或者接受服务，故不属于《消费者权益保护法》所规定的消费者。最终，法院仅判决某车业有限公司退还邢某红购车款 82 000 元，邢某红退还电动车 20 辆。

《消费者权益保护法》规定，经营者提供商品或者服务有欺诈行为的，应当按照消费者的要求增加赔偿其受到的损失，增加赔偿的金额为消费者购买商品的价款或者接受服务的费用的 3 倍；增加赔偿的金额不足 500 元的，按 500 元计。

《食品安全法》规定，生产不符合安全标准的食品或者销售明知是不符合安全标准的食品，消费者除要求赔偿损失外，还可以向生产者、销售者主张价款 10 倍赔偿金或者依照法律规定的其他赔偿标准要求赔偿。

因此，在日常消费过程中遇到消费欺诈，有权依法要求赔偿。不能轻易向不良商家妥协！但是，应注意一点，无论是 3 倍赔偿还是 10 倍赔偿，都以当事人是"消费者"作为前提。

【法律依据】《消费者权益保护法》第 2 条、第 55 条；《食品安全法》第 148 条

81. "熊孩子"打赏主播，父母可以要求返还打赏款项吗？

郑女士前往银行取钱时，却发现卡里的钱不见了。经了解后，郑女士得知是自己 11 岁的儿子偷偷用自己的手机微信绑定了银行卡，先后花费了 3 万多元用于打赏主播。郑女士是否有权向平台申请返还相应款项？

疫情期间，不少"熊孩子"增加了上网时间，也出现了部分"熊孩子"为网络游戏或网络直播平台充值用于打赏主播的纠纷。针对此类问题，根据"熊孩子"的年龄做不同的区分。

我国《民法典》规定，8 周岁以上的未成年人为限制民事行为

能力人，实施民事法律行为由其法定代理人代理或者经其法定代理人同意、追认；但是，可以独立实施纯获利益的民事法律行为或者与其年龄、智力相适应的民事法律行为。

8周岁以下的未成年人是无民事行为能力人，参与网络游戏所花费的支出，一律应该退还；限制民事行为能力人未经其监护人同意，参与网络付费游戏或者网络直播平台"打赏"等方式支出，如与其年龄、智力不相适应则属于效力待定的行为，如果法定代理人不同意或不予追认，则该行为无效。

郑女士的儿子属于限制民事行为能力人，是否应当返还款项，要综合考虑游戏类型、成长环境、家庭经济状况等因素判定。

【法律依据】《民法典》第17—22条

82. 免费试用饮水机到期不吱声，视为购买吗？

某饮水机公司推出了免费试用7天的活动，甲申请免费试用。饮水机公司的工作人员将饮水机送到甲的家里，并根据甲的要求每天送饮用水上门。7天后，甲没有表示要退回试用的饮水机，而是继续订购饮用水，继续使用饮水机。某饮水机公司能否要求甲支付饮水机的相应价款？

我国《民法典》规定，在试用买卖合同中，试用买卖的买受人在试用期内可以购买标的物，也可以拒绝购买。试用期限届满，买受人对是否购买标的物未作表示的，视为购买。

甲在试用期满后，没有表示是否购买饮水机，其继续订购饮用水和继续使用饮水机的行为，可以视为其购买饮水机，饮水机公司可以要求甲支付相应的价款。

【法律依据】《民法典》第638条

83. 买了火车票，上车可以随便坐吗？

小丽毕业坐火车回家，上车后却发现自己的座位被一名孙姓男子占着，小丽要求这名男子归还座位，男子却声称自己也买了车票，上车后可以随便坐，不肯把小丽的位置让出来。小丽无奈之下请列车员帮忙解决,经列车员核实,孙姓男子的座位在小丽座位前面一排靠过道的位置,而小丽的位置在后一排靠窗,经协调,孙姓男子仍不让座,他认为买了票就可以随便坐,有道理吗?

我国《民法典》明确规定,旅客应当按照有效客票记载的时间、班次和座位号乘坐。旅客无票乘坐、超程乘坐、越级乘坐或者持不符合减价条件的优惠客票乘坐的,应当补交票款,承运人可以按照规定加收票款;旅客不支付票款的,承运人可以拒绝运输。

因此,买了火车票,上车后应该在自己的座位号就座。孙姓男子没有按照自己的座位号乘坐火车,他的行为违反法律规定。如果拒不让座的行为扰乱列车秩序,违反《治安管理处罚法》,将受到行政处罚,情节严重的,还可能涉嫌犯罪。

【法律依据】《民法典》第815条;《治安管理处罚法》第23条

84. 预约合同不是正式合同,可以随便签吗?

李阿姨经过一家保健品商店,经过店员的推销,李阿姨决定订购一批价值1000元的保健品,因没有现货,推销员告诉李阿姨现在只能签订预约合同,预约合同中约定,保健品一周后到货,到时李阿姨再来签订正式合同。李阿姨签了预约合同回家后,老伴和孩子们知道这事,纷纷反对李阿姨购买保健品,李阿姨认为反正她签的并不是正式合同,签了也没什么问题,是这样吗?

我国《民法典》规定,当事人约定在将来一定期限内订立合同的认购书、订购书、预订书等,构成预约合同。当事人一方不履行预约合同约定的订立合同义务的,对方可以请求其承担预约合同的违约责任。

在司法实践中,当事人是否应当承担违约责任,取决于本约未能签订是否可归责于一方当事人。因此,如果李阿姨未在约定的时间、地点签订正式合同,无正当理由否定预约合同中已经确定的条款或提出不合理条件等,导致未能缔结正式合同的,应承担违约责任;反之,如果只是由于不可归责于双方的原因,导致李阿姨与保健品店未能对其他条款达成一致意见,则李阿姨不需要承担责任。

此外还应注意的是，如果当事人订立的预约合同中包含了本约合同的主要条款，一般认定该预约合同为本约合同。如在房屋买卖认购意向书中明确约定了商品房建筑面积、单价、交付时间、付款方式等商品房买卖合同的主要条款，且出卖人已经按照约定收受购房款，此时该认购意向书应认定为双方订立的是《商品房买卖合同》的本约合同，而不是预约合同。因此，当事人应当谨慎签订预约合同。

【法律依据】《民法典》第495条

三、旅游

85. 受新冠肺炎疫情影响不能出行，能否取消旅游套餐？

小丽在春节前在某旅游网络平台上订购了春节期间海南3日游的套餐，但小丽刚到机场准备前往海南时，却因机场疫情管控取消航班。此时，小丽是否有权要求旅游网络平台免费取消预订的全部旅游产品？

不可抗力是指不能预见、不能避免且不能克服的客观情况。我国《民法典》规定，因不可抗力致使不能实现合同目的的，当事人可以解除合同。可见，以不可抗力为由解除合同的，还应当符合合同目的不能实现的要件。

小丽预订的航班因疫情管控被取消，不能实现合同约定的海南3日游的合同目的，可以要求解除与旅游网络平台签订的旅游服务合同。

【法律依据】《民法典》第180条、第563条

86. 境内跟团游遇到闹心事怎么办？

冯先生和冯太太都退休了，女儿婷婷出国了，冯先生想带冯太太出去旅游，于是和一家旅行社签订了旅游合同，参加"海南双飞

6日游",并交纳了1万元的团费。冯先生和冯太太抵达海口后,原定于下午开始第一个行程,但接送旅行团的大巴突然在半路上发生故障无法行驶,而旅行社一时又找不到其他大巴过来接应,导致下午的时间不够,导游直接决定将下午的行程取消。

第二天早晨,冯先生和冯太太终于开始了旅程,但冯先生在与其他团友聊天过程中得知,自己和冯太太因超过50周岁,每人被加收500元的"特殊照顾费"。但冯先生和冯太太实际上并没有受到任何照顾,反而是导游不断强调春节期间游客很多,为完成所有既定的行程,加快游览节奏,冯先生和冯太太在体力上有些吃不消,和导游沟通放慢节奏,但导游却以不能耽误全团的行程予以拒绝。

第三天,导游在未征得大家同意的情况下,强制安排了购物行程,冯先生和冯太太不得已购买了一件价值1000元的工艺品。晚上到了宾馆,冯先生和冯太太觉得很不开心而且实在太累,又和导游沟通无果,两人一气之下,在未通知旅行社和导游的前提下,当晚就自行购买机票返回家中。之后向旅游部门投诉旅行社,要求旅行社退还所有的团费并赔偿购买工艺品的损失。

冯先生和冯太太的遭遇,可能很多人都遇到过,在此提醒。

提醒一:旅行社应当按照合同的约定提供合格的服务。

大巴发生故障影响既定行程,而且旅行社并未取得团员的同意,擅自决定取消行程已经构成了违约,旅游者有权要求旅行社退还被取消行程的费用,还可以向旅游主管部门投诉。

提醒二:旅行社不得因为旅游者的年龄或者职业等存在差异加收"特殊照顾费",除非旅行社提供了与其他旅游者相比更多的服务。

提醒三:旅行社不得强制安排购物。旅游者有权拒绝旅游经营者的强制交易行为。上述冯先生有权要求旅行社为其办理工艺品的退货并先行垫付退货货款,而不是直接要求赔偿购买工艺品的损失。

提醒四:旅游者负气脱团是解除合同的行为,可能要承担相应的责任。

旅游合同是互负义务的合同，旅行社应按照合同约定提供服务，旅游者同样要履行好旅游者自身的义务。实践中，旅游者与旅行社以及导游"一言不合"就潇洒脱团现象时有发生，给旅行社造成损失的，也要承担相应的责任。根据法律规定，如果旅游者要行使合同解除权，符合合同约定的，要通知旅行社，或者双方协商解除合同，旅行社在扣除必要的费用后将余款退还旅游者。

【法律依据】《旅游法》第9条、第35条、第100条；《旅行社条例细则》第38条；《民法典》第562条、第563条、第565条

87. 境外游行李丢失怎么办？

李先生夫妇到美国度蜜月，本应是一次幸福甜蜜的蜜月之旅，却因为莫名其妙的行李丢失而变得很不愉快。

李先生夫妇乘坐大巴到一个服务区下车，行李放在车上。当李先生回到车上时，发现行李不见了。虽然李先生在导游协助下报了警，但因大巴停靠的位置没有摄像头，警方也无法在短时间内破案。

李先生随即和旅行社交涉，旅行社的答复是，行李放在车上被盗，司机承诺会看守你们的行李，如果李先生觉得有责任的话，可以去告司机。而且旅行社表示，并没有为乘客的行李安全买过保险，当地法律也没有规定要买这样一份保险，责任不在旅行社。不过他们愿意按航空公司的国际惯例，赔偿李先生200美元，由于分歧较大，双方协商陷入僵局。

李先生随后通过导游了解到，他们可以等待警方的消息，也可以进一步和旅行社协商，如果协商不成，也可以通过诉讼解决，但因为语言、司法体系等的不同，最好委托当地律师打官司，当地律师的律师费是按小时计费且十分高昂，加上诉讼费用，李先生甚至可能需要花费超过行李价值本身的代价。李先生考虑到成本问题，选择默默等待警方的消息，并进一步与旅行社协商。

上述案例给了我们一个警示：在出国旅行前应充分了解旅行社的情况，同时询问清楚如果发生类似行李丢失、意外受伤等情况，旅行社之前会怎样处理，是否可以获得赔偿等，进而选择优质旅行

社出游；为了防止行李丢失造成损失，可以购买保险，按照保险合同约定取得相应证据的，可以依约理赔。此外，无论何时，贵重物品一定要妥善保存。

88. 航空托运行李找不到怎么办？

张小姐从欧洲旅游回来，下飞机后发现自己托运的行李找不到了。航空公司答复，查到行李在出发的机场，没有上飞机，但没找到具体遗失在哪里。遇到这种情况又该怎么办呢？

航运丢失行李，首先应在抵达地进行行李丢失申报。一般在机场都会有所搭乘的航空公司的办事处；如果是在国外，一般也会有代理办事处。申报时需带上机票、身份证、护照等相关票据和证件。航空公司对于行李的查找有一定的期限规定，如果超过期限仍未找到，会进入赔偿程序。

如果行李丢失是由于乘客自己的原因造成的，航空公司有权不予赔付。属于旅客的责任有3种：一是没有按时办理登机和行李托运手续（航空公司要求旅客在飞机起飞前规定时间办好登机和行李托运手续）；二是托运行李中带有违禁物品；三是托运行李中有贵重物品，比如现金、票据、重要文件等（航空公司明确规定贵重物品请旅客随身携带）。

除以上3种情况外造成的行李丢失，基本可以认定是航空公司的责任。如果是航空公司的责任造成行李丢失，能获得怎样的赔偿呢？

国内航空运输中，依据规定，国内航空运输承运人应当在下列规定的赔偿责任限额内按照实际损害承担赔偿责任：（1）对每名旅客的赔偿责任限额为人民币40万元；（2）对每名旅客随身携带物品的赔偿责任限额为人民币3000元；（3）对旅客托运的行李和对运输的货物的赔偿责任限额，为每公斤人民币100元。

国际航空运输中，根据《蒙特利尔公约》规定，托运行李和非托运行李最高限额为1000特别提款权（1个特别提款权价值约等于1.35美元，但这个比例是浮动的）。

因此，要提醒大家，如果需要托运贵重物品，最好是随身携带，无法携带的，应当根据价值选择保价。

【法律依据】《赔偿责任限额规定》第3条；《蒙特利尔公约》第22条

89. 境外医疗游，应如何规避风险？

近年来，很多旅行社推出了境外医疗游，如打着旅游名义接种HPV疫苗的香港游，还有日本体检游、韩国美容游等，在这种风潮下，境外求医的内地居民如何规避风险？

第一，选择合法的医疗机构。到境外求医前，一定要对拟就诊的机构是否具备合法的行医资质进行检索，最好选择业内知名度较高的医疗机构。还可以登录当地医疗机构的政府主管机构的网站进行查询。例如，在香港医院管理局官网 http://www.ha.org.hk，就可以很方便地查询到合法的医疗机构。

第二，选择具备资质的医生。医疗行为的实施者是医生及其医务人员团队，这些医务人员是否具备合法资质，也可以通过有关官网进行查询。例如，香港医务人员的资质，就可以登录香港特别行政区政府卫生署官网"医护专业人员注册"栏目 https://www.dh.gov.hk/tc_chi/main/main_rhp/main_rhp.html 进行查询。

第三，选择具有相应服务能力的中介机构。由于语言的限制，境内游客可能存在沟通上的困难。因此，在选择中介时，一定要对该公司的情况进行了解。如果该公司有违法失信记录或涉诉较多，就要慎重考虑。

如果在境外就医出现纠纷，又该如何寻求救济呢？

第一，及时寻找当地律师帮助。在境外发生医疗纠纷，一般都要适用当地法律，由于存在语言、文化和法律制度的障碍，最好及时取得当地律师的帮助。在境外人身权被侵害，极有可能被法院判处高额的惩罚性赔偿金。所以，内地游客在境外出现医疗纠纷，可以尝试选择全风险代理的律师提供法律服务，即前期无须支付费用，待获得赔偿金后给予律师较高比例的代理费。

第二，与中介机构签订完善的服务合同。大家可以选择境内中介机构提供跨境医疗中介服务，并与中介机构签订完善的服务合同，必要时可以聘请专业律师对服务合同进行审查修改，在服务合同中约定双方的权利义务。

第三，选择境内的保险公司投保相应保险。内地居民选择境外医疗前，可以在境内选择可以就境外医疗行为接受投保的保险公司，就境外医疗纠纷提供保险，以降低人身损害风险。

90. 境外旅拍也犯法？

曾有新闻报道，有3名中国游客在泰国清迈旅拍被捕，或面临高额罚款和遣返。3人中包括1位摄影师和一对新人。

泰国官方认为，3人均持旅游签证入境，根本没有在泰国工作的资格。即他们认为3人的"旅拍"属工作性质，带有商业行为。还称此3人从摄影、化妆造型到协作，分工非常明确，拍摄场地遍布清迈各大旅游景点，包括塔佩门、网红打卡咖啡店等。因此，直接将3人逮捕！

随后，泰国官方初步对他们提出两项控诉：一是外国人在未获工作许可的情况下工作；二是获得暂时居留权的外国人，在没有获得许可的前提下受聘务工或从业。等待他们的是罚款、监禁或驱逐出境。

3人被逮捕的原因只因参与了旅拍活动！近年来旅拍在年轻人中很流行。不少年轻人办理旅游签证境外游，顺便从事商业活动，如旅拍，既达到观光目的，又达到利用专业摄影技术挣钱的目的，可谓"一举两得"。但其实旅拍在很多国家都是违法行为。因为工作签证和旅游签证是有区别的，没有工作签证，未经许可在这个国家工作就是非法打工。

上述事件给大家敲响了警钟。在出境前一定要做足功课，除了了解当地的风俗和禁忌，还要了解当地的法律规定，否则可能因触犯当地法律被罚款甚至丧失人身自由。

四、网购

91. 七天无理由退货,真的可以这么任性吗?

微博话题"买18件衣服旅游后要退货"引发热议。淘宝开店的李先生是卖旅行女装的。4月25日,黄女士在李先生的店里一次性购买了18件衣服,总价4600多元,李先生有些开心,没想到事情接下来的发展出乎他的预料。

5月5日,即签收衣服之后第七天,黄女士发起了退货请求,要求全退,理由就是不喜欢。因为有"7天无理由退货"的规定,淘宝判定支持买家诉求。李先生觉得很委屈,加了黄女士的微信号,没想到在她朋友圈里看到了吃惊的一幕——黄女士"五一"期间去西藏旅游,穿了4件自家店铺的衣服,还一路拍照。对此,黄女士回应李先生称,淘宝已判定黄女士有权退货,况且衣服吊牌都在,不影响二次销售。

此事在网上迅速传播,有网友气愤不过,认为,黄女士是在钻空子,"自私""贪小便宜"。

从法律上看,黄女士的行为违法吗?

法律规定,经营者采用网络、电视、电话、邮购等方式销售商品,消费者有权自收到商品之日起7日内退货,且无须说明理由。因此,消费者网购时,确实享有"7天无理由退货"的权利。

法律还规定,部分商品不适用无理由退货规则:如消费者定作的商品;鲜活易腐的商品;商品性质不宜退货并经消费者在购买时确认的商品,等等。同时,法律还要求消费者退货的商品应当完好,即不能影响卖家二次销售。

虽然黄女士有权应用"7天无理由退货"的规则退回所购买的衣服,但退回已经穿过的4件显然违背了法律规定的诚信原则。

现实生活中,黄女士的做法并非个例。有人发现有一种组织:

即购买者建一个互帮退货的小群，这件衣服 A 买了两个月穿脏了，让 B 帮买一件新的，然后 7 天内把那件穿脏的退回去。甚至还有人利用规则漏洞损害商家利益，如买真鞋退假鞋、买真包退假包等。

法律保护的是公民的合法权益。如果滥用"7 天无理由退货"的规则，除了承担民事责任外，还可能触犯刑法，涉嫌诈骗罪。

【法律依据】《消费者权益保护法》第 25 条

92. 下单后商家迟迟不发货，怎么办？

郑州的小蝶为了参加演出在淘宝上的网店订购一套演出服，因卖家一边告知马上发货，一边迟迟不发货，导致小蝶错过重新向其他网店订购的机会，演出活动效果因此受到严重影响。

现实生活中，遇网购大促销时买家订货，可能存在延期交货情况。如果消费者网购时遇到卖家迟迟不发货造成自己损失时，该怎么维权呢？

法律规定，消费者在平台内购买商品或者接受服务，发生消费纠纷或者其合法权益受到损害时，消费者可以要求平台调解，平台负有调解的法定义务；如果消费者需要通过其他渠道维权的，平台应当向消费者提供经营者的真实的网站登记信息，积极协助消费者维护自身合法权益；如果平台不能提供销售者或服务者的真实姓名、地址、有效联系方式的，网络交易平台提供者将承担赔偿责任。当然，主张损害赔偿的消费者也应当证明因平台商家延期交货等违约行为造成了实际损害。

【法律依据】《消费者权益保护法》第 44 条

93. "另类"网购背后有哪些法律风险？

曾名噪一时的"活体葫芦娃"虽然已经销声匿迹，但活体宠物销售在各大平台依然存在，狐狸、龟、蜥蜴等"异宠"应有尽有，还有人从境外网购并邮寄"活体"动物。这些网购的"异宠"中，不少是野生动物，还有购买仿真枪的，真是没有你买不到的，只有你想不到的！但是，这些行为是有法律风险的！

这些"另类"网购背后有哪些法律风险呢？

风险一：可能违反邮政管理规定。

根据邮政管理的规定，禁止寄递或在邮件内夹带的物品包括"各种活的动物"。猫、犬以外的活动物禁止携带、邮寄进境，包括所有的哺乳动物、鸟类、鱼类、两栖类、爬行类、昆虫类和其他无脊椎动物，除非经国家有关行政主管部门许可，并具有输出国或地区官方机构出具的检疫证书。

风险二：可能违反野生动物保护规定。

野生动物要经过免疫合格方可饲养。根据法律规定，未经国家主管部门批准，非法收购、私自饲养受保护的野生动物是违法行为。我国国家一级、二级保护野生动物和《濒危野生动植物种国际贸易公约》附录一、二中的物种范围有明确规定。

风险三：可能触犯刑法。

非法收购、私自饲养受保护的野生动物可能涉嫌刑事犯罪。另外，根据我国枪支管理法规定，禁止制造、销售仿真枪，而根据我国现行枪支鉴定标准，对不能发射制式弹药，但利用气瓶、弹簧、电机等形成压缩气体为动力、发射金属弹丸或者其他物质并具有杀伤力的"仿真枪"，当所发射弹丸的枪口比动能大于等于1.8焦耳/平方厘米时，一律认定为"枪支"，故若购买的"仿真枪"超过标准，则可能涉嫌非法买卖枪支罪、非法持有枪支罪、走私武器罪等罪名。

【法律依据】《邮政法实施细则》第33条；《野生动物保护法》第27条、第33条；《枪支管理法》第22条；《仿真枪认定标准通知》第1条、第2条

94. 网购快递被冒领，责任由谁承担？

杨先生在付某开的网店购买了一台价值1.5万元的电脑，下单后支付了货款并另外支付了95元快递费。付某收到款项后把电脑交给某快递公司送货。但该快递公司送到杨先生所在地址后被别人冒领。杨先生多次向付某和某快递公司要求解决问题未果，随后起诉

到法院要求付某和某快递公司退还货款1.5万元和快递费95元。

法院认为，从当事人各自的权利义务来看，在网购合同中，杨先生通过网上银行已经支付了货款和邮寄费，履行了消费者的付款义务，付某作为销售者依约负有向杨先生交货的义务。虽然付某已将货物交给某快递公司发运，但在运输过程中，快递公司的工作人员在送货时未验证对方身份信息擅自将货物交由他人签收，付某尚未完成货物交付义务，构成违约，故应对消费者进行赔付。合同只约束缔约双方当事人，某快递公司将货物错交给他人，属于付某与快递公司之间的运输关系。某快递公司不应在本案中承担赔偿责任。法院判决，付某赔偿杨先生已付的电脑款1.5万元及快递费95元。

网络购物，有两个合同关系，买家与卖家的买卖合同关系，卖家与快递公司的运输合同关系，两个合同是相互独立的。

在买家与卖家之间的买卖合同关系中，卖家没有将货物送达到买家手中，就是没有履行合同义务，因此，消费者有权向卖家进行索赔，这样的诉求必然会得到法院的支持。

因买家与快递公司之间不存在合同关系，因此，消费者起诉快递公司，并不会获得法院的支持。但是对于卖家来说，自己发货了，但没有将货物寄送到买家手中，如果有证据证明属于快递公司的过错，卖家可另行起诉快递公司，进行索赔。

95. "特价"商品非特价，消费者如何维权？

小王在逛淘宝网店的时候看中了某公司的两款移动电源，网店上发布的广告显示：10 400mAh 移动电源，限时一小时抢购价59元；5200mAh 移动电源，限时一小时抢购价39元。小王赶在限时抢购结束前的几分钟买下了这两款移动电源，在提交订单后没有仔细核对价格，而是直接付款。

收到移动电源后，小王发现5200mAh 移动电源的原配数据线不能给手机充满电，故与客服联系，要求换货。在沟通换货的过程中，小王查看了订单，才发现自己实际支付的价格是10 400mAh 移动电源69元，5200mAh 移动电源49元。随后，小王以某公司对其实施价格欺诈为由向法院提起诉讼。

法院经过审理认为，由于某公司限时抢购的销售方式具有特殊性，广告与商品的抢购界面直接链接且消费者需在短时间内作出购买的意思表示；某公司认可网店活动界面存在广告价格与实际结算价格不一致的情形，但没有证据证明该不一致系电脑后台系统出现错误导致。法院最终认定，某公司存在欺诈消费者的故意，判决小王退还两个移动电源，某公司保底赔偿小王 500 元，退还货款 118 元。

销售者网上销售商品有价格欺诈行为，诱使消费者购买该商品的，即使该商品质量合格，消费者有权请求销售者"退一赔三"和保底赔偿。根据消费者权益保护法的相关规定，如果 3 倍赔偿不足 500 元的，则至少赔偿 500 元。

当然，如果商家确实有证据能够证明，消费者在下单时，由于工作人员的疏忽，或者系统出现故障，此种情况就属于重大误解，依照《民法典》的相关规定，可以要求撤销该行为，退还消费者购物款，而不用进行惩罚性的赔偿。

【法律依据】《消费者权益保护法》第 55 条；《民法典》第 147 条

第四章
投资理财

你不理财，财不理你。依法投资和应用理财工具，管控风险，实现财产保值、增值。

一、股权投资

96. 员工可以利用业余时间开公司吗？

小李于2016年毕业后入职某食品检测公司，并签订5年期的劳动合同，月工资5000元。2018年，小李因为要还房贷、结婚等，经济压力较大，于是和大学同学小孙商量后，打算利用业余时间，成立一家专门开发小程序的公司，并在下班后投入小程序的开发工作中。

后来，小李兼职的事情被食品检测公司发现了，食品检测公司认为，小李在其他公司担任股东，不符合公司关于不得兼职的规定，于是要开除小李，小李不服，认为公司规定不得兼职，目的是不影响本职工作，但他利用业余时间开公司，并没有影响到本职工作，不应该被开除。

作为公司员工，理应恪尽职守、全面履行职责并促进该相关业务的发展。如果员工利用工作时间，占用公司资源，从事与本职工作无关的个人兼职工作，就可能对完成本职工作任务造成严重影响。因此，公司有权禁止员工在工作时间从事任何非本职工作。但本案中，小李是利用业余时间开公司从事小程序开发，并没有影响到食品检测公司的工作，因此，食品检测公司无权开除小李。

【法律依据】《劳动合同法》第39条第4项、第69条

97. 合资设立有限责任公司，不参与经营会影响股东权利吗？

小李利用业余时间和小孙成立了一家小程序开发公司，因小李是兼职的只占股20%，小孙是全职的占股80%。公司成立后一直处于盈利状态，但因小李长期不在公司，公司的经营、财务都是小孙在管理，小李对情况不是特别了解，他担心自己长期未参与公司经营，会影响到自己的股东分红权，他该怎么办？

作为有限责任公司的股东，享有以下权利：

（1）股东身份权。公司成立后，应当向股东签发出资证明书，置备股东名册，记载股东的姓名或者名称及住所、股东的出资额和出资证明书编号。股东应当重视股东名册的登记和工商登记备案，这些是主张股东权利的直接证据。

（2）参与重大决策权。有限责任公司股东会由全体股东组成，股东会是公司的权力机构，股东通过参加股东会，对公司重大事项作出决策。

（3）分红权。股东可以按照出资比例或者章程规定的其他方式分取红利。

（4）知情权。股东虽然将公司的经营权授予了董事会和经营管理层，但是，股东依然享有了解公司基本经营状况的权利。当然，股东行使该项权利应以不影响公司正常运营为限。

（5）提议、召集、主持股东会临时会议权。代表1/10以上表决权的股东有权提议召开股东会临时会议。

（6）股权转让权。公司成立后，股东不得抽逃出资。但按照法定条件和程序，股东可以转让股权退出公司。

（7）选择、监督管理者权。股东通过股东会选举和更换董事、监事。董事、高级管理人员违反法律、行政法规或者公司章程的规定，损害股东利益的，股东可以向人民法院提起诉讼。

（8）决议撤销权。股东会或者股东大会、董事会的会议召集程序、表决方式违反法律、行政法规或者公司章程，或者决议内容违反公司章程的，股东可以自决议作出之日起60日内，请求人民法院撤销。

小李作为公司的股东，依法享有股东权利，而这些权利并不因小李是否参与经营受到影响。如果小李认为自己长期不在公司，无法掌握公司的财务状况，他可以行使知情权，要求公司提供有关财务资料等。

【法律依据】《公司法》第31条、第32条、第36条、第37条、第34条、第33条、第40条、第35条、第71条、第22条

第四章 投资理财

98. 设立的合资公司违约，股东要不要承担责任？

张三和李四是 A 公司的股东，A 公司注册资本 100 万元，张三和李四分别认缴 50 万元，但他们没有在章程规定的出资期限内出资到位。

2018 年，A 公司和 B 公司签订了一份《买卖合同》，由 A 公司向 B 公司购买 100 万元的货物，但在 B 公司依约发货后，A 公司却没有按时付款，于是 B 公司到法院起诉，要求 A 公司支付 100 万元货款并承担违约责任，同时要求张三和李四承担连带责任。张三和李四认为 A 公司是独立法人，应自行承担责任，其作为公司股东，不应承担责任。

公司股东有按期缴纳所认缴出资的义务，如果没有履行或者未全面履行出资义务，公司因违约产生债务且不能清偿的，公司的债权人可以要求未履行或者未全面履行出资义务的股东在未出资本息范围内对公司债务不能清偿的部分承担补充赔偿责任。

张三和李四分别认缴了 A 公司 50 万元的出资，但他们并未实际履行出资义务。现 A 公司违约，应当向 B 公司支付 100 万元货款及违约金，A 公司无力清偿，那么张三和李四就应该在各自认缴的 50 万元本金和利息限额内，就 A 公司无力清偿的部分，对 B 公司承担赔偿责任。

【法律依据】《适用公司法规定（三）》第 13 条

99. 以他人名义投资设立公司有什么风险？

张先生是一家药品公司的中层领导，同时又利用业余时间设立了另一家服装公司，担心自己在药品公司影响不好，不想用自己的名字登记为股东，于是找到好友王先生，签订了一份挂名投资协议，双方约定由张先生作为隐名股东，王先生作为持有服装公司 100% 股权的挂名股东，服装公司的所有投资和经营管理均由张先生负责，股东分红也全部归张先生所有，张先生每月支付王先生一定的费用。服装公司设立后每年都在盈利，股权价值翻番。可是有一天，服装公司的股权突然被法院冻结,张先生了解情况后才得知,原来是王先生在外欠了巨额债务,他的债权人发现王先生名下的服装公司股权,于是申请法院强制执行。张先生说王先生名下的股权是自己的,不能被拍卖,是这样吗?张先生该怎么办呢?

公司股权要在市场监督管理部门登记,对外具有公示效力。因此,尽管张先生和王先生签订了挂名协议,但也只能约束他们双方,不能对抗不知情的其他人。王先生的债权人申请法院冻结、拍卖服装公司的股权,法院按照工商行政管理机关的登记和企业信用信息公示系统公示的信息判断权利人,有权冻结、拍卖登记在王先生名下的服装公司股权。

张先生如果想要回股权,可以对法院冻结、拍卖的行为提出执行异议,对异议裁定不服的可以向上级法院申请复议,如果不能排除执行的,则需要提起执行异议之诉,进一步确认张先生对该股权是否享有足以排除强制执行的权益,如果法院经过审理认定张先生享有足以排除执行的民事权益的,则王先生名下的股权不得继续执行;如果法院认定张先生不享有足以排除执行的民事权益,则王先生名下的股权就要被拍卖了。

【法律依据】《适用公司法规定(三)》第24条;《办理执行异议和复议案件规定》第5条、第25条、第26条

100. 股东为自己投资的公司提供担保有什么后果?

张先生投资设立了一家服装公司,注册资本为100万元。经过张先生的不懈努力,服装公司的效益前景十分可观,为了壮大规模,奔着上市的目标发展,张先生不断向银行申请贷款,为了获得融资,张先生不惜自己签字承担连带保证责任,还让妻子也一并签字。后来,服装公司遇到经济危机,累计欠外债1000万元,而张先生和妻子也为此背负了几百万元的债务。

有限责任公司的股东承担的是有限责任,仅需以出资额为限承担责任。张先生对服装公司的出资是100万元,本来他只需要在100万元的限额内承担经营亏损的风险,但他为了扩大规模,不惜大量

融资,并以自己和妻子作为连带保证责任人,导致自己对公司的责任超越出资额,额外为公司背负几百万元的债务,张先生和妻子名下的存款、房产等资产都有可能要用来还债。

【法律依据】《公司法》第3条;《民法典》第688条

二、民间借贷

101. 民间借贷也有无效风险?

2008年5月至2009年4月,李某陆续出借700万元给陈某用于发放高利贷,每月从陈某处获取4%或5%的利息。自借款时起,陈某先后向李某支付了利息共计233万元。2009年6月后,陈某未再支付利息,也未归还700万元借款本金。多年催款无果,2014年7月25日,李某起诉至法院,要求陈某归还借款本息。

法院经审理认为,李某明知陈某借款系用于对外发放高利贷,但仍然向其提供借款资金,该行为损害了社会公共利益,借款行为应认定为无效。借款被认定无效后,陈某虽应返还借款本金及按中国人民银行同期同类贷款基准利率计算的利息,但对于陈某已支付的233万元利息中超过中国人民银行同期同类贷款基准利率计算的部分,应冲抵借款本金。对于冲抵后尚欠本息,陈某应予返还。

特别提示:出借人通过向社会不特定对象提供资金以赚取高额利息,出借行为具有反复性、经常性,借款目的具有营业性,未经批准,擅自从事经常性的贷款业务,属于从事非法金融业务活动,所签订的民间借贷合同因违反强制性规定而无效。合同无效后,借款人仅有返还本金和支付很少的利息的义务,在借款人已经负债累累的情况下,出借人甚至可能血本无归!

此外,根据《刑法修正案(十一)》的规定,如果出借人在催收高利放贷等产生的非法债务过程中,使用暴力、胁迫方法,或者限制他人人身自由,或者侵入他人住宅,甚至恐吓、跟踪、骚扰他人,情节严重的，可能构成刑事犯罪，将被处 3 年以下有期徒刑、拘役或者管制，并处或者单处罚金。

【法律依据】《审理民间借贷案件规定》第 14 条

102. 没有转账凭证，但打了借条，钱却要不回来？

张三和李四是亲戚，李四和王五是朋友，张三和王五不认识也没见过面。一天，李四找到张三，称王五的公司急需 100 万元周转一个月，但如果以李四的名义借给王五的话，不好意思向王五收利息，如果李四把钱借给张三，张三再借给王五的话，就可以名正言顺地要利息了，李四还说，借款月息 3 分，一个月就是 3 万元，到时候给张三 1 万元。张三觉得这笔买卖只赚不亏，就答应了李四。

后来，李四通过自己的银行账户转了 100 万元到张三账户，李四说王五需要现金，于是让张三在柜台取出现金交给李四，由李四交给王五。李四把 100 万元现金交给王五的时候，王五交给李四一张借条，借条写明王五收到张三现金 100 万元，借款期限一个月，月息 3 分。

可是一个月后，王五的公司倒闭了，王五承诺的 3 分利息一分钱也没给。李四就让张三拿着借条到法院去起诉，要求王五还款。张三称，借款是通过李四以现金形式交给王五的，借条也是王五给李四的。李四认可张三的陈述，并称他已经把 100 万元现金转交给了王五。但王五却声称，因为李四和王五经常一起赌博，因王五欠李四赌债，李四逼迫王五写下这张借条，但王五从来没有收到过李四给的现金。

法院经审理认为，现有的证据只能证明李四向张三交付了 100 万元，而李四是否将该笔款项实际给付了王五，借条内容是否真实有效，证据不足，因而驳回张三的诉讼请求。

自然人之间的借贷，以交付款项为前提，如果没有交付款项的，借贷关系不成立。因此，在现实生活中，如果没有转账凭证，只有借条的，出借人应有充分的证据证明款项已经实际交付给借款人。在上述案例中，张三不能证明其已实际向王五交付了款项，并且张三不具备支付100万元借款的经济实力,张三和王五素不相识,借条不是王五当着张三的面写的,100万元的巨额款项不通过银行转账却用现金的形式支付,张三陈述的情况反映借条内容不符合常理和民间借贷习惯。

法院审理案件,往往从借贷发生的原因、时间、地点、款项来源、交付方式、款项流向以及借贷双方的关系、经济实力等情形综合认定。仅凭本案的现有证据,法院难以认定借条内容的真实合法,也难以支持张三要求王五还款的请求。

【法律依据】《审理民间借贷案件规定》第9条

103. 没有借条,只有转账记录,能要回借款吗?

熟人之间借钱,往往会碍于面子,没有写借条,还款时间到了,要回借款可能因对方不承认存在障碍。如果没有借条,只有转账记录,能要回借款吗?

现行法律规定,原告仅依据金融机构的转账凭证提起民间借贷诉讼,被告抗辩转账系偿还双方之前借款或其他债务,被告应当对其主张提供证据证明。

这个规定的意思就是说,原告仅仅凭借转账凭证以"民间借贷"起诉的,可以不用提供证据证明这笔转账是借款,除非被告提供证据证明这笔转账是偿还双方之前的借款或者因其他事由转账,法院就会支持原告的诉讼请求。

还有人问:虽然没有借条,但我有微信聊天记录可以吗?

微信聊天记录可以作为证据使用,但必须满足以下条件:一是能够确认微信使用双方身份;二是微信聊天内容的完整性。微信聊天记录作为电子证据,要与其他证据形成完整的证据链,如出借人催讨欠款的短信或电话录音,朋友的证言等。在司法实践中微信聊天记录的证明力如何,在具体案件中要结合证据情况判定。

【法律依据】《审理民间借贷案件规定》第17条

104. 民间借贷的利息是否受法律保护?

胡某因资金周转困难,于2018年1月30日向赵某借款50万元,并出具借条，写明胡某从赵某处借款50万元，月息3分，赵某在扣除第一个月利息1.5万元后向胡某转账支付48.5万元。借款之后，胡某仅向赵某支付了第二个月利息1.5万元，之后就再也没消息了。

赵某催讨欠款无果，起诉到法院，要求胡某还款50万元，并按月息3分支付利息。法院经审理后认为，胡某借款后，经赵某多次催收后均未足额履行还款义务，已构成违约，理应承担偿还剩余借款的民事责任，但赵某向胡某支付借款时扣除了1.5万元，故借款本金应以48.5万元计算，并且月息约定为3%，即年利率36%，高于法定最高利息限额年利率24%。法院判决由胡某依法偿还赵某借款48.5万元并支付利息，利息按照年利率24%从第三个月开始到还清之日止。

在民间借贷中，以下约定是不被法律保护的：

（1）"砍头息"。借据、收据、欠条等债权凭证载明的借款金额，一般认定为本金。但借款的利息不得预先在本金中扣除，利息预先在本金中扣除的，应当按照实际借款数额返还借款并计算利息。民间借贷中预先扣除利息的做法（俗称"砍头息"），虽使债权人的利息提前收回，减少了借款的风险，但却严重损害了债务人的合法权益，加重债务人的经济负担，如果债权人违反法律规定预先扣除借款利息的，债务人只需按照实际所得的金额计算本金。

（2）"高利息"。在上述案例中，法院是按照当时的规定，支持最高利息限额为年利率24%，超过24%的部分不能得到法院的支持，借款人已经实际按照约定的高额利率支付了利息，支付的利息在36%以内的，法院一般不会干预，如果支付的部分超过36%，借款人可以要求返还或者折抵本金。但自2020年8月20日起，利息保护的上限为一年期贷款市场报价利率（LPR）的4倍。2020年8月20日以后，法院新受理的一审民间借贷案件，借贷合同成立于2020年8月20日之前，当事人可以请求适用当时的司法解释计算自合同成立到2020年8月19日的利息；对于自2020年8月20日到借款返还之日的利息部分，则要适用起诉时新的利率保护标准计算。借贷合同成立于2020年8月20日之后的，利率均不得超过一年期贷款市场报价利率（LPR）的4倍。

【法律依据】《审理民间借贷案件规定》第26条、第27条

105. 规范的借条该怎么写？

发生民间借贷，如何写好借条十分重要。借条可以参照以下样本来书写。

借条①

为购买房屋②，现收到③小明④（身份证号：234567……0898）⑤以现金⑥出借的￥80 000.00元（人民币捌万元整）⑦，借期陆个月⑧，月利率1.5%（百分之壹点伍）⑨，贰零贰零年贰月壹日到期时本息一并还清。如到期未还清，愿承担小明通过诉讼等方式追讨借款所支付的律师费、诉讼费、公告费、保函费、保全费等其他费用⑩。若因本借款发生争议，由××所在地有管辖权的法院管辖⑪。

立此为据⑫。

借款人：小红⑬
（身份证号：3502……）
借款人：小红的配偶⑬
（身份证号：3502……）
××年××月××日⑭

备　注：借款人确认以　省　市　区　地址作为相关通知及诉讼等材料送达地址；若发生地址变更，应向出借人书面提供新的送达地址⑮。

【使用说明】

①标题应书写在纸张顶部，居中，标题和借条正文间不留空行。

②"为……"表明借款的目的，以免借款人提出该笔借款系赌债、分手费等。

③写"今借到某某多少元"，借款人可能会主张未实际收到款项。

④出借人姓名应与身份证上一致，最好留存身份证复印件。

⑤出借人的姓名后应附身份证号码。

⑥如果系银行转账，则替换表述为"银行转账"，同时应保留银

81

行转账凭据。

⑦金额应既写阿拉伯数字,也写大写数字,以避免之后就是否篡改发生争议。

⑧借期必须明确,以免因何时还款发生争议。

⑨利率应写清是年利率或月利率,尽量采用"年/月百分比"予以表述。

⑩诉讼费由败诉方承担,律师费等其他费用若无约定,则由原告承担。

⑪为避免去借款人户籍所在地提起诉讼,增加成本,建议约定管辖法院。

⑫"立此为据"作为收尾,以免借条持有者在借条正文末尾添加内容。

⑬由借款人在手写的名字上摁手印,尽量让借款人的配偶一起签字。

⑭该日期应为所借款项实际支付的日期。

⑮为防止出现送达难问题,增加送达条款,届时法院可依法送达。

106. 小额借款如何演变成"套路贷"?

记得小时候听磁带都分有 A 面和 B 面,两面播放着不同的音乐。可没想到,"套路贷"也分 AB 面,一面是冠冕堂皇的"互联网"的头衔,另一面却是诈骗的花招,令人防不胜防。

2018 年 9 月的一天,程程用手机下载了一款做菜的 App,把自己喜欢的几个菜式收藏下来,打算下班后学一下。没想到,回到家后这款 App 却"变"了,做菜的内容全不见了,取而代之的是满屏"网贷"App 链接。

程程有点莫名其妙,但映入眼帘的"秒放款""无抵押""轻松还贷"等字样,令她有点心动,想到近期手头有点紧,犹豫下便点下了申请贷款的按键。程程只借了 4500 元,但在以后的 3 个月时间里,被迫在十几个"网贷"平台转单平账,先后借钱还款 6 万多元,可还没还完。一天之中,程程甚至会接到几十个甚至上百个催款电话。最终，程程报警了。

警方的网络技术部门侦查发现，这个"套路贷"团伙开发了"AB面"App，在平台上招徕用户的A面提供做菜、旅游、天气、阅读一类功能，B面则暗藏"套路贷"贷款平台入口。涉案的"套路贷"公司利用"AB面"App和其他手段非法获取了482万人的个人信息，什么时候让用户看A面，什么时候切换到B面，都由后台控制，根据受害人信息"精确计算"得出。一个App往往连接着几十个"套路贷"平台。

除了"AB面"App之外，现实中很多"套路贷"平台越发"正规"，让很多不知情人士，一步步落入诈骗团伙的天罗地网之中。"套路贷"是对某一类犯罪行为的通称，是以非法占有为目的，诱使或迫使被害人签订"借贷"或变相"借贷""抵押""担保"等相关协议，通过虚增借贷金额、恶意制造违约、肆意认定违约等方式形成虚假债权债务，并以非法手段占有被害人财物的相关违法犯罪活动的概括性称谓。

常见的套路包括但不限于：制造民间借贷假象，诱使或迫使被害人签订"借贷"或变相"借贷""抵押""担保"等相关协议；制造资金走账流水等虚假给付事实；故意制造违约，肆意认定违约，或毁匿还款证据；恶意垒高借款金额；借助诉讼、仲裁、公证或采取暴力、威胁以及其他手段，实现非法占有被害人财物的目的。

所以，对互联网上随意变脸的App，优惠得难以想象的贷款条件要谨慎对待，切莫贪便宜落入"套路贷"陷阱。

【法律依据】《办理"套路贷"案件意见》第1条第1款、第3条

107. 为别人签了保证合同没有约定份额，会承担连带保证责任吗？

甲与乙签订了一份借款合同，甲借款100万元给乙。丙作为乙的保证人，与甲签订了一份保证合同，但没有约定保证方式，乙到期没有归还借款，甲可以要求丙承担连带保证责任吗？

我国《民法典》规定，保证的方式包括一般保证和连带责任保证。当事人在保证合同中对保证方式没有约定或者约定不明确的，按照一般保证承担保证责任。

因此，甲和丙签订的保证合同没有约定保证方式，那么丙承担的是一般保证责任，甲只能先要求乙还款，无果的情况下，才能要求丙承担责任。

【法律依据】《民法典》第686条

三、证券投资

108. 什么是证券投资？

老王手里有些闲钱，想用来投资，听朋友老李说可以做证券投资，老王想知道证券投资是投资什么？

广义的证券是多种经济权益凭证的统称，是用来证明券票持有人享有的某种特定权益的法律凭证。主要包括资本证券、货币证券和商品证券等。

资本证券，指把资本投入企业或把资本供给企业或国家的一种书面证明文件，主要包括股权证券和债权证券，如股票和债券等。

货币证券，是指可以用来代替货币使用的有价证券，主要用于企业之间的商品交易、劳务报酬的支付和债权债务的清算等，常见的有期票、汇票、本票、支票等。

商品证券，是指对商品有提取权的证明，证券持有人可以凭证券提取该证券上所列明的商品，常见的有账单、运货证书、提货单等。

狭义的证券主要指的是证券市场中的证券产品，其中包括产权市场产品，如股票；债权市场产品，如债券；衍生市场产品，如股票期货、期权、利率期货等。

109. 听信推荐买进股票亏损，可以要求赔偿吗？

老王初涉股票市场，他相信术业有专攻，证券公司的理财经理都是专业人士，推荐的股票一定是经过调查及分析的。所以当客户经理推荐其中一只股票时，老王毫不犹豫地将手头所有的闲钱10万元全部买入该只股票。

不久，老王满仓买入的股票就日渐缩水，大幅下跌，原本价值10万元的股票现在只剩下3万元，这让老王傻了眼。因为是根据证券公司客户经理的推荐才买入的股票，所以，老王要求客户经理赔偿其经济损失。客户经理却认为，他给客户的只是一种操作建议，而账户实际操作权仍由客户自己掌握，因此拒绝赔偿。

双方争执不下，老王便向上级监管部门投诉。监管部门处理查实，该证券公司给老王推荐股票的客户经理没有从业资质。

当地证券行业协会委托调解员对老王与客户经理的纠纷进行调解。调解员认为，虽然客户经理向老王推荐了股票，但仅是对账户操作的一种建议，账户实际操作权由老王掌握；客户经理不具备投资咨询执业资格，他推荐股票的行为确实存在一定过错。最终双方协商达成协议。

【法律依据】《证券公司监督管理条例》第38条、第39条；《证券、期货投资咨询管理暂行办法》第2条、第3条

110. 把账户借给别人炒股，有什么风险？

曾有新闻爆出著名影视演员涉嫌"操纵股票"，其工作室随后发表声明称"虚假消息系某些别有用心者自中国证监会某市场禁入决定书内容（被禁入对象：高某）杜撰而来"，表示该演员未曾受过任何与股票有关的处罚，亦未介入过任何与股票有关的调查。有观点认为，上述事件是因该演员出借证券账户给高某"管理"惹的祸。

那么，如果该演员确实出借账户，出借账户的行为违法吗？

虽然该演员的证券账户"参与"了股票操纵案中，但证监会并未认定委托高某"管理"的包含该演员在内的14个账户的持有者违法。这是因为该演员等人与高某的关系是证券交易代理行为，即将账户委托交由高某"打理"，而高某在"打理"过程中实施了违法行为，而该演员等人并不知情，属于"善意第三人"。

虽然该演员"出借账户"没有被认定为违法，但证监会规定，任何机构和个人不得出借自己的证券账户，不得借用他人证券账户买卖证券。对违反账户实名制管理的相关当事人，可能会采取注销账户、限制使用等措施，还可能在一定时期内限制新开账户、列为重点关注对象等。

除此之外，在实践中，如果委托人在委托他人代理证券交易时，知道或者应当知道受托人从事违法行为的，则委托人也可能被认定为违法。如果受托人的行为涉嫌犯罪的话，委托人则可能成为共犯或者从犯，将承担相应的刑事责任。因此，不能轻易向他人出借自己的账户炒股！

【法律依据】《清理违法证券业务意见》第5条

111. 委托他人炒股，亏损怎么办？

2015年年初，杭州的赵女士在朋友王先生鼓动下开始炒股。因为对股票交易一无所知，她将自己的资金账户委托给王先生操作，双方只是口头约定无论盈亏各担一半，双方没有签订书面委托理财协议。2015年的股市经历了"过山车"行情，半年过去，赵女士投入的50万元本金只剩二十几万元。因王先生以"没有书面协议"为由不愿承担一半亏损，赵女士诉至法院，要求其赔偿一半损失。

法院审理认为，当事人订立合同，有书面形式、口头形式和其他形式，法律法规规定或当事人约定采用书面形式订立合同，当事人未采用书面形式但一方已履行主要义务、对方接受的，合同成立。本案中，双方虽然没有签订书面委托理财协议，但2015年7月6日至2015年11月24日，赵女士向王先生提供账户及密码，并汇入相应资金，由王先生负责该账户的股票买卖操作，王先生已履行代赵女士炒股这一主要义务，故双方已形成事实上的民间委托理财合同关系。

对委托炒股期间的损失承担比例，考虑双方的过错程度，结合本案的具体情况，法院认定由赵女士自行承担70%的责任，王先生承担30%的责任，最终判决王先生赔偿赵女士委托理财损失八万余元。

此类委托理财纠纷中,如果双方没有签订书面合同,在损失承担比例的问题上,法院没有明确的判定依据,有的会判委托人全责,有些会酌情让受托者承担部分责任,主要根据个案情况裁定。因此,如果需要委托他人炒股的,一定要签订书面协议,明确各自的权利和义务!

【法律依据】《民法典》第 929 条

四、网络投资

112. 网络投资有什么形式?

网络投资,顾名思义,就是在互联网上进行的投资,投资形式种类繁多,既包括各种可以在互联网上进行的证券投资,还包括通过互联网购买保险、建立信托,等等。常见的网络投资形式主要是 P2P 网络借贷。

P2P 是英文 peer to peer lending(或 peer-to-peer)的缩写,指个体之间通过互联网平台实现的直接借贷。个体包含自然人、法人及其他组织。其中的互联网平台主要是网络借贷信息中介机构设立的。

网络借贷信息中介机构是专门从事网络借贷信息中介业务活动的金融信息中介公司。该类机构以互联网为主要渠道,为借款人与出借人实现直接借贷提供信息搜集、信息公布、资信评估、信息交互、借贷撮合等服务。开展此类业务的中介机构应当在工商登记注册地金融监管部门完成备案登记、申请获得相应的电信业务经营许可等。

网络投资,选择依法登记、获得许可、资信良好的互联网中介平台机构很重要。

【法律依据】《互联网金融健康发展意见》第 2 条第 8 款;《网

络借贷信息中介管理暂行办法》第 2 条、第 5 条

113. 网络借贷有什么风险？

P2P 进入我国以来，发展迅猛，也为诸多不法分子提供了可乘之机。几年前的某网贷事件为我们敲响了警钟。

成立于 2012 年 8 月的某网站平台自称"第三方在线借贷平台"，为个人提供创新型投资理财服务。2012 年 8 月 18 日至 2012 年 12 月 21 日，该网站平台以从事中介借贷为名，在未取得金融业务许可的前提下，谎称该平台是由香港某国际集团倾力打造的网络投融资平台，由某电子科技有限公司运营，为中小企业提供融资新渠道。

该网站平台谎称香港某国际集团的商户需要借款，在该网站上发布秒标，承诺即时还本付息，公开利诱投资人，向 80 多名投资者非法集资 2000 多万元。

案发后，法院查明，该平台除了将集资的部分资金以月息 3% 或免息借给借款人之外，还在投资者毫不知情的情况下，将绝大部分集资款通过某投资公司配资投资期货、股票。截至 2012 年 12 月底，该平台共亏损 1000 多万元，平台负责人携款潜逃，诸多投资者的投资血本无归！

P2P 网络借贷平台常用的陷阱有：

一是简单自融模式，大多采取高息、拆标的手法，利用投资者的逐利心理进行融资。

二是多平台自融自担保模式。平台控制人同时建立了多个平台，平台之间资金互相拆借，用于满足自融需求。平台和担保公司属于同一个老板或集团公司。

三是短期诈骗，多利用投资者赚快钱的心理，采用充值返现，"秒标""天标"等形式吸引客户投资，然后在第一个还款周期到来之前便卷款潜逃，存活时间很短，最短的仅 1 天。

四是"庞氏"骗局。投资者的款项并没有进入真实的借款者手中，而是在平台上进行空转，资金始终控制在平台控制人和股东的账户中，最后平台支持不下去或者得到足够收益以后，实际控制人

就卷款潜逃。

114. 投资者在参与 P2P 网贷业务时，如何辨别风险？

我国监管部门对 P2P 平台的以下行为明令禁止，投资者可以对照下列禁止行为，评判 P2P 平台所从事的业务是否合法。

（1）为自身或变相为自身融资；（2）直接或间接受、归集出借人的资金；（3）直接或变相向出借人提供担保或者承诺保本保息；（4）自行或委托、授权第三方在互联网、固定电话、移动电话等电子渠道以外的物理场所进行宣传或推介融资项目；（5）发放贷款，但法律法规另有规定的除外；（6）将融资项目的期限进行拆分；（7）自行发售理财等金融产品募集资金，代销银行理财、券商资管、基金、保险或信托产品等金融产品；（8）开展类资产证券化业务或实现以打包资产、证券化资产、信托资产、基金份额等形式的债权转让行为；（9）除法律法规和网络借贷有关监管规定允许外，与其他机构投资、代理销售、经纪等业务进行任何形式的混合、捆绑、代理；（10）虚构、夸大融资项目的真实性、收益前景，隐瞒融资项目的瑕疵及风险，或以其他欺骗性手段等进行虚假片面宣传或促销等，捏造、散布虚假信息或不完整信息损害他人商业信誉，误导出借人或借款人；（11）向借款用途为投资股票、场外配资、期货合约、结构化产品及其他衍生品等高风险的融资提供信息中介服务；（12）从事股权众筹等业务；（13）法律法规、网络借贷有关监管规定禁止的其他活动。

鉴别一家 P2P 平台是否可靠，可以从以下几个方面考量：

首先，看它是否有资深的背景，P2P 平台通常应当资本雄厚。反之，不可靠的 P2P 平台通常都是由名不见经传的"某某投资人/投资机构"发起，真假难辨。

其次，可靠的 P2P 平台应该将资金完全托管在银行，实现经营与资金的完全分离。反之，不可靠的 P2P 平台，多半将资金托管在某些第三方支付机构，第三方支付机构安全存在问题，或者干脆没有资金托管，自己私设资金池。这类 P2P 平台一旦出现运营危机，就可能出现平台运营者"携款跑路"的事件,投资者的资金安全自然无法保障。

再次,可靠的 P2P 平台,应该实现资产端完全透明,向投资人公开借款的相关信息和资金使用方向。反之,不可靠的 P2P 平台对资产端遮遮掩掩,既不能确保借款人的还款能力,又不能明确表态借款使用方向。

最后,可靠的 P2P 平台,应该具有十分完善强大的赔付机制,确保投资者本息安全,能够应对各种情况的发生。反之,不可靠的 P2P 平台,坏账赔付能力十分薄弱,风险保障金数量极少,仅与一些地方担保公司签署担保合同,或者干脆根本没有风险保障金以及其他任何坏账赔付机制。一旦坏账大规模集中爆发,不可靠的 P2P 平台自然无法应对。

【法律依据】《网络借贷信息中介管理暂行办法》第 10 条

五、商业保险

115. 商业保险有哪些?

商业保险,是指投保人根据合同的约定向保险公司支付保险费,保险公司对于合同约定的风险事件所造成的财产或人身损失承担赔偿或给付保险金的责任。商业保险分为两类:财产保险和人身保险。

(1) 财产保险。福建地区地处沿海,台风雨水天气多发,每逢台风经过,就会出现某某地被淹的报道,福州一家名为"筷子豪情"的餐厅,因地势较低,台风天被雨水淹没,餐厅老板购买了财产险,台风过后,老板获得理赔,第一时间重新装修,很多网友慕名而来,不曾想竟一夜成了网红餐厅。

这就是财产保险的优势。财产保险的范围非常广泛,包括有形财产、无形财产和有关利益。财产保险的保险金额是依据保险价值确定的，如一栋楼价值 1000 万元，投保保额不能超过这个数。保障期限一般也是短期，通常是一年。

（2）人身保险。人身保险是以人的生命或身体为保险对象，以人的生老病亡残为保险事故的保险。人身保险又可以分为人寿保险、健康保险和意外保险。

①人寿保险。人寿险以人的生命为保险对象，分为死亡保险、生存保险、生死两全保险、分红险、万能险、投资联结险等。如 30 岁的小 A 给自己投保了一份终身寿险，就是以他死亡为条件给付保险金。也就是说投保终身寿险，保单受益人是一定可以拿到这笔钱的，可以变相把终身寿险视为遗产。

②健康保险。健康险以人的身体为保险对象，对被保人因疾病或者意外导致伤害时发生的费用或损失给予补偿。健康险分为：重疾险、特定疾病险、医疗险、失能收入损失险、护理保险等。如 30 岁的小 B 给自己投保了一份保到 70 岁的定期重疾费，20 年缴费，万一不幸在 70 岁前得了合同约定中的疾病，则可以获得赔付，到期合同结束，保障停止，等于消费掉了。

③意外保险。意外伤害保险以被保人遭受意外事件导致的死亡和残疾承担给付保险金责任，简单理解为意外事件导致身故，或意外事件导致残疾，且根据伤残等级按比例进行赔付。

116. 重疾险真的保重疾吗？

经常有人说，重疾险都是骗人的，劝你买保险的时候说心脑血管疾病都属于重大疾病，待申请理赔时却遭拒绝，拒赔理由竟然是疾病的治疗方式或者表现形式不符合合同条款的约定，遇到这种情况该怎么办？

2000 年 9 月，侯女士为自己购买了一份重疾险，每年按期缴纳保费，2017 年侯女士因患冠状动脉粥样硬化心脏病入院治疗。出院后以患心脏病为由向保险公司申请理赔，保险公司以侯女士所患心脏病不符合合同约定的表现形式拒绝赔偿，侯女士不理解，当初买保险的时候说的很明确（心脏病属重大疾病），为什么不能理赔？于是将保险公司告上法庭。

庭审中,保险公司答辩称,侯女士虽患心脏病,但条款约定心脏病必须满足以下条件:心脏病(心肌梗死)指因冠状动脉阻塞而导致部分心肌坏死,其诊断必须同时具备下列三个条件:(1)新近显示心肌梗死变异的心电图。(2)血液内心脏酶数含量异常增加。(3)典型的胸痛病状。而侯女士疾病诊断结论为:冠状动脉粥样硬化型心脏病、稳定型心绞痛。没有满足以上三个条件。但侯女士认为心脏病已经是重大疾病,保险公司条款中的专业术语她不懂,在投保时也没有向她说明心脏病还要区别对待。不能接受保险公司的拒赔理由。

法院认为,保险合同属于专业性很强的合同,应以具有普通正常理性公民所能理解和认识为前提,保险条款中的保险术语,尤其是重大疾病保险合同条款,除非是医学专业人士,普通百姓难以认识和理解,因此,为体现人性化和公平原则,需要合同各方都能正确把握合同意图,体现真实意思表示。本案中保险条款中对于心脏病的限制性解释条款,作为没有专业医学知识的被保险人,根据住院病历及诊断证明判断其所患疾病符合心脏病的特征达到了重大疾病的程度,符合一般人对条款的理解,保险公司应该在重大疾病保险范围内理赔。根据《保险法》的规定,采用保险人提供的格式条款订立的保险合同,保险人与投保人、被保险人或者受益人对合同条款有争议的,应当按照通常理解予以解释,对合同条款有两种以上解释的,人民法院或者仲裁机构应当作出有利于被保险人和受益人的解释。据此,法院作出了有利于被保险人的解释,判决保险公司赔偿侯女士重大疾病保险金10 000元。

温馨提示:买保险是为了给自己买一份保障,但在买保险之前要了解自己需要哪方面的保障,保险经理推荐的保险产品与自己的需求是否匹配,以及购买保险后能获得什么样的保障,避免出现买了保险却不能理赔的情况。

【法律依据】《保险法》第 19 条、第 30 条、第 31 条；《保险法解释（二）》第 17 条

117. 在银行买的"理财产品"怎么成了保险产品？

现实中，确实有人在银行网点误买了保险产品。

杨女士到某银行打算将毕业至今攒下的 5 万元办理定期存款，进营业厅后一位工作人员接待她，杨女士表示她计划存笔钱 5 年之后可以取出，作为结婚买房的准备金。工作人员了解情况后，建议杨女士可以购买"理财产品"，收益比定期存款更高，并承诺"5 年后能将分红和本金一并取出"，于是杨女士根据工作人员的推荐购买了一份看似收益还不错的"理财产品"，而她并不知道这其实是一份保险。5 年期间，杨女士每年交 5 万元，共交了 25 万元。眼看着快到期了，杨女士拿出资料仔细一看傻了眼，存款单上是名叫"××两全保险（分红型）"的保险，杨女士怎么也想不到自己买的是一份保险，更让她气急败坏的是，这份保险的期限是终身，杨女士联系保险公司，却被告知如果现在取出来，就是退保，只能退现金价值 22 万元。

所以，在银行经营场所推销"理财产品"的不一定是银行工作人员，买理财产品一定要仔细阅读相关材料。

六、信托

118. 什么是信托？

贾某和妻子甘某是商人，为了避免生意失败给孩子成长造成不利影响，作为共同委托人，做了一份不可撤销的生前信托，给其 3 个孩子各留了 7500 万美元。

信托是什么？贾某和甘某这么做有什么意义呢？

信托，顾名思义就是信任委托，具体是指委托人基于对受托人

的信任,将其财产权委托给受托人,由受托人按委托人的意愿以自己的名义,为受益人的利益或者特定目的,进行管理或者处分的行为。

信托财产,不仅限于货币,也可以是房子、土地、股票和债券等财产,而且受益人也可以不是委托人自己。如贾某设立的信托,委托人是贾某,受托人是信托公司,受益人是贾某的孩子。

信托就是"受人之托,为人管业,代人理财"。但从事信托业务的信托公司必须要有信托牌照才能发放产品。信托牌照是通过银保监会审核合格后发放的,目前中国有信托牌照的信托公司数量不多。信托牌照的功能强大,"约等于"银行+保险+证券+实体经营。

作为不可撤销信托,因为财产已经不属于贾某和甘某,其交易对方不能追索。

【法律依据】《信托法》第2条、第7条、第14条;《中国银监会信托公司行政许可事项实施办法》第4条

119. 信托理财有什么优势?

信托分为两种:一种是可撤销信托,委托人有权随时撤销信托,信托财产的所有权并没有发生转移,因此也不能规避遗产税。另一种是不可撤销信托,一旦委托人设立此信托,则信托财产独立于委托人的财产,并且没有受益人的同意,委托人不得修改和撤销信托。这种信托可以为委托人提供一套机制,将财产安全地传承给信托受益人,并且可以避税。

如企业家马先生希望身故后把一笔资产传给儿子,如果直接作为遗产需要交大额遗产税,而且遗产的分配还存在变数。因此,马先生设立了一个不可撤销信托,受益人是自己的儿子,既可以避税,这笔资产又会独立存在,受益人不受任何意外情况的影响。

不可撤销信托有两大好处,一个是以今天的价值把财产转移进去了,日后该财产包括升值不会算作遗产,因而没有遗产税;另一个是因为该财产已经不属于委托人,如果委托人有其他法律诉讼纠纷,第三方动不了该信托中的财产。

比较常见的信托模式是家族信托,即信托机构受个人或家族的委托,代为管理、处置家庭财产的财产管理方式,以帮助个人实现财务规划及传承目标。家族信托是一种以资产保护、财富传承和财富增值为目的的私人财富管理解决方案。

家族信托的资产所有权和收益权是相分离的,一旦把资产委托给信托公司打理,这笔资产的所有权就不再属于委托人,相应的收益可以根据委托人的意愿收取和分配。如果委托人离婚分家产、意外死亡或者被追债,这笔资产将独立存在,不受影响。

家族信托主要是进行资产保护和财富传承,避免家族内财产纠纷,合法规避遗产税和赠予税等。设立了家族信托,也意味着让渡了财产的控制权,受益人只能按照相应的约定支配这些财产或收益。

120. 信托理财有什么风险?

同其他金融机构一样,信托公司的运营也存在经营风险,只有真正管理好了风险才能获得预期收益。据不完全统计,2019年4月共有6家信托公司的7款产品发生违约事件,涉及金额35.32亿元。

2019年4月,有新闻报道中泰信托旗下一款信托产品发生逾期,融资方为贵州凯里开元城市投资开发有限责任公司(凯里开元城投)。

据悉,该款产品名为"中泰·贵州凯里项目贷款集合资金信托计划"(中泰贵州凯里信托),2016年年底发行,发行10期,共约4.5亿元。产品收益分为3档,100万—300万元期间收益率为6.8%/年,300万—2000万元,收益率为7.0%/年,超过2000万元,收益率可协商。

产品公告信息显示,由于短期流动性困难,融资方贵州凯里开元城投未能按约足额支付2019年2月10日到期的第八期、2019年3月7日到期的第九期档期贷款本息,合计2.25亿元。截至3月11日,该信托计划专户余额为598.2万元,不足以支付到期全部受益人的信托利益。

房地产信托是信托公司的核心业务之一,募集资金最多,平均预期年化收益超过 8%。相比起银行理财，高收益的信托产品更是高净值人群的"心头好"。但因监管层再次强调房住不炒的长期调控决心，房地产类信托和基础产业信托的违约事件因房地产融资需求短期被压缩而开始增加。

　　政信类项目的违约的影响较大。2018 年年初的云南某政信项目的违约事件，直接为"城投刚兑"敲响了警钟。其后，政信项目违约事件时有发生，且中央对地方违规举债问题进行清理，进一步打破了政信项目"政府兜底"的幻想。

　　总之，任何投资都有风险，投资者应"把鸡蛋放在不同的篮子里"，合理分配投资资金，分散风险。

第五章

劳 动

劳动合同是劳动者的"保护伞"。加强劳动合同管理，依法维护和谐劳动关系，有利于激发劳动者积极性，促进企业健康发展。

一、劳动关系

121. 如何区分劳动关系与非劳动关系？

1998年，丁某进入器材公司工作。器材公司承接门窗安装工作后，与丁某协商好价格，由丁某前往现场施工，施工完毕后，双方于每年年底结算劳动报酬。丁某工作时间穿器材公司的工作服，但双方未签订书面劳动合同。2011年，器材公司决定终止双方的合作。

丁某认为其与器材公司之间是劳动合同关系，器材公司则认为双方是承揽合同关系。那么，丁某与器材公司之间是不是劳动关系呢？如何区分劳动关系、承揽关系、劳务关系呢？

劳动关系，是指用人单位招用劳动者为其成员，劳动者在用人单位的管理下提供有报酬的劳动而产生的关系。劳动关系的本质特征在于劳动者与用人单位之间存在管理与被管理的人身隶属关系，劳动者提供劳动的过程均服从和接受用人单位的监督管理。

承揽关系，是指承揽人以自己的设备、技术和劳力，按照定作人的要求完成工作，交付工作成果，定作人给付报酬的关系。虽然承揽人也要听从定作人的指示，但承揽关系注重的是工作成果而不是工作过程，且承揽人在完成工作过程中具有独立性，不受定作人的管理。

劳务关系，是指平等主体之间就劳务进行协商达成的有偿提供劳务的关系。劳务关系的主体双方可以是单位和自然人，也可以是单位和单位，还可以是自然人和自然人。

在上述案例中，丁某长期接受器材公司的指派完成相关安装等工作，器材公司事后再按双方协商的价格支付报酬，丁某独立完成工作，不受器材公司管理，双方是承揽关系。

122. 如何认定劳动者与用人单位之间存在劳动关系？

胡某于2010年7月至2011年9月期间担任酒店的厨师长。胡某与酒店签订了一份《厨房责任承包协议》,酒店将厨房以基本工资与绩效挂钩的方式承包给胡某,承包期自2010年7月至2011年6月。承包期间,双方按月结算厨房员工工资和承包费。承包协议到期后,胡某继续工作至2011年9月,双方未签订书面合同,酒店按月向胡某发放工资。2011年9月底,酒店称厨房已承包给他人,双方因款项结算产生争议,胡某认为酒店违法解除劳动关系。

在这个案例中,胡某与酒店是承包关系还是劳动关系呢?

用人单位招用劳动者未订立书面劳动合同,但同时具备下列情形的,劳动关系成立:(1)用人单位和劳动者符合法律、法规规定的主体资格;(2)用人单位的各项劳动规章制度适用于劳动者,劳动者受用人单位的劳动管理,从事用人单位安排的有报酬的劳动;(3)劳动者提供的劳动是用人单位业务的组成部分等。

用人单位未与劳动者签订劳动合同,认定双方是否存在劳动关系时可参考下列凭证:(1)工资支付凭证或记录(职工工资发放花名册)、缴纳各项社会保险费的记录;(2)用人单位向劳动者发放的"工作证""服务证"等能够证明身份的证件;(3)劳动者填写的用人单位招工招聘"登记表""报名表"等招用记录;(4)考勤记录;(5)其他劳动者的证言等。

本案中,胡某与酒店签订的虽然是《厨房责任承包协议》,但从协议内容来看,具有劳动合同的属性:胡某要遵守酒店的规章制度,胡某及其所招用的员工需受酒店的管理,胡某的部分收入系以工资的形式按月固定发放,酒店为胡某办理了"五险一金",胡某所从事的劳动也是酒店业务的主要组成部分。因此,《厨房责任承包协议》包含了劳动权利义务方面的内容。胡某与酒店之间是劳动关系。

【法律依据】《确立劳动关系通知》第1条、第2条

123. 劳动者可否与两个或两个以上用人单位建立劳动关系?

2017年,唐某正式成为A公司技术部的职员,在签订劳动合同时A公司要求唐某签署承诺书,承诺在入职时与其他公司不存在劳动关系,若不属实,A公司有权解除劳动合同且不支付经济补偿金。

2018年，A公司发现唐某入职时已在另外一家公司担任总经理，于是直接通知唐某解除劳动合同。唐某表示这是她朋友注册的公司，她本人并不知晓，更未担任任何职务，且经营业务与A公司业务完全不一致。但是A公司仍然坚持解除劳动合同。

劳动者能否与两个或两个以上用人单位建立劳动关系？答案是可以，但有一定的条件限制。

企业停薪留职人员、未达到法定退休年龄的内退人员、下岗待岗人员、企业经营性停产放长假人员，可以与其他单位建立劳动关系。

从事非全日制用工的劳动者也可以与一个或一个以上单位订立劳动合同；但后订立的劳动合同不得影响先订立的劳动合同的履行。

对于全日制工作的劳动者，也可以与其他用人单位建立劳动关系，但如果对完成本单位的工作任务造成严重影响，或者经用人单位提出拒不改正的，用人单位可以解除劳动合同。

用人单位可以在不违反法律法规禁止性规定的前提下，经过法定民主程序，制定有效的规章制度，对劳动者在其他单位任职进行限制性规定。

本案中，唐某签署了承诺书，A公司可以直接解除劳动合同吗？

首先，A公司并没有规章制度规定员工在其他单位任职属于严重违纪；其次，不论唐某是名义上还是实质上担任另一家公司的总经理，A公司都应当依法履行通知程序，不能直接解除合同。

【法律依据】《审理劳动争议案件解释（三）》第8条；《劳动合同法》第39条、第69条

124. 退休人员能否与其他单位建立劳动关系？

曾某于1956年2月出生。2016年3月入职A公司上班，任质检班长，入职时没有填写入职登记表，也没有签订书面劳动合同，双方口头约定工资3000元/月，加班费另行计算。曾某入职后工作到5月份，A公司始终未向其发放工资，曾某提出辞职，并要求A公司支付拖欠的工资并支付双倍工资。A公司认为，曾某已于2016年2

月达到法定退休年龄,双方是劳务关系,无须支付双倍工资。

曾某已经达到法定退休年龄,还能与 A 公司建立劳动关系吗?

如果曾某已经依法享受养老保险待遇或领取退休金,则曾某与 A 公司之间是劳务关系;如果曾某并未享受养老保险待遇或未领取退休金,那么曾某与 A 公司之间仍属于劳动关系。

法律虽然规定劳动者达到法定退休年龄的,劳动合同终止,但并不意味着劳动关系必然终止。因为法律并未规定劳动者的年龄不得高于法定退休年龄。只要不违反法律法规的禁止性规定,未享受养老保险待遇或领取退休金且具有劳动能力的人员仍可以与用人单位建立劳动关系。

【法律依据】《劳动合同法实施条例》第 21 条;《审理劳动争议案件解释(三)》第 7 条

125. 用人单位和劳务派遣的劳动者之间是什么关系?

张阿姨被 A 劳务派遣公司派遣到 B 公司从事保洁工作,由于工作期间多次违反 B 公司的规章制度,B 公司通知 A 劳务派遣公司终止了张阿姨的工作,A 劳务派遣公司随后通知张阿姨解除劳动关系。张阿姨认为她是 B 公司的员工,与 A 劳务派遣公司没有关系,B 公司属于违法解除劳动关系,张阿姨的想法对吗?

在劳务派遣关系中,劳动者与劳务派遣公司之间是劳动关系,与接受劳动派遣的用工单位只是用工关系,因此,B 公司不需要解除劳动关系,只需要将张阿姨退还给 A 劳务派遣公司即可,是否解除劳动关系,是否支付经济补偿金等都由 A 劳务派遣公司自行决定,与 B 公司无关。

【法律依据】《劳动合同法》第 58 条

126. 劳务外包与劳务派遣怎么区分?

A 软件公司承包了 B 集团公司的软件开发项目,A 软件公司派出张某和另外 5 个软件工程师到 B 集团公司从事软件开发工作,B 集团公司以软件项目完成为前提向 A 软件公司支付外包服务费。一天，张某无意中发现 B 集团公司给他这个岗位的服务费是 2 万元/月，而 A 软件公司付给他的工资却只有 1.2 万元。张某看到网上有关于"假外包、真派遣"的帖子，他认为自己也应该属于劳务派遣，B 集团公司支付的费用就是他的工资，A 软件公司应全额支付给他。

劳务外包，是指企业向劳务外包公司购买劳务服务，并支付一定的服务费。企业购买的实际上是服务成果，也就是"只管事、不管人"，而劳务派遣针对的则是人而不是事。

B 集团公司除了为工程师提供工作场地外，不负责用工管理，并且是以软件项目完成作为标准支付服务费用，因此，B 集团公司的用工行为属于服务外包而不是劳务派遣，其支付的费用是服务费而不是张某的工资，至于 A 软件公司应如何向张某支付工资，则属于 A 软件公司与张某之间的问题。

二、劳动合同

127. 劳动合同和劳动关系是一回事吗？

张三是 A 公司的老板，李四是张三的表弟，没有稳定的工作，靠临时务工谋生。李四为了缴纳社会保险，让张三帮忙以 A 公司名义与其签订书面劳动合同，李四按时支付费用给 A 公司，A 公司按时为李四缴纳社会保险。

李四与 A 公司签订书面劳动合同后，从来没有来上班，A 公司的 HR 心里有疑惑，李四和 A 公司之间到底有没有劳动关系呢？

劳动关系分为两种：一种是事实劳动关系，另一种是劳动合同关系。没有签订书面劳动合同，劳动者和用人单位之间也可能存在事实劳动关系；但签订了书面劳动合同，并不等于劳动者与用人单位之间一定存在劳动关系。

在劳动合同关系中，劳动合同只是劳动关系的载体之一。用人单位自用工之日起才与劳动者建立劳动关系。如果用人单位没有用工,仅凭缴纳社会保险的凭证,还不能认定双方之间存在劳动关系。

【法律依据】《确立劳动关系通知》第1条、第2条

128. 不签订劳动合同有什么后果?

李四的社会保险关系挂靠在张三的公司,后来李四到A公司工作,为了省事,李四自己提出不与A公司签订书面劳动合同,A公司的财务每月以现金形式支付工资给李四。一天,A公司突然告知李四不用来上班了,李四很不服气,认为A公司不能任意解除劳动关系。但他之前没有签订劳动合同,不知如何向A公司主张权利。

劳动者和用人单位建立劳动关系,都应签订书面劳动合同,否则不仅是用人单位,劳动者自身也会承担较大的法律风险。

用人单位不与劳动者签订书面劳动合同,自用工之日起第二个月至第十二个月,应当向劳动者每月支付2倍的工资,自第二年起就视为已经签订无固定期限劳动合同了。如果用人单位解除劳动关系,应支付经济补偿金;如果是违法解除则应支付赔偿金。

如果劳动者与用人单位没有签订劳动合同,应当提供其他证据证明存在事实劳动关系,如领取工资签字单、工作考核记录、考勤记录等。

【法律依据】《劳动合同法》第46条、第82条、第87条

129. 劳动合同应当具备哪些内容?

李先生在一家公司参加应聘面试后,公司认为其符合岗位要求,遂向其发出了聘书,其中不仅有通知李先生前去报到的内容,还对李先生的工作岗位、工作报酬、聘期进行了说明,且加盖了公司公章。李先生拿着聘书就到公司上班了,但彼此一直未签订书面劳动合同。李先生持有的公司聘书等于劳动合同吗?

劳动合同应当具备以下条款:(1)用人单位的名称、住所和法定代表人或者主要负责人;(2)劳动者的姓名、住址和居民身份证或者其他有效身份证件号码;(3)劳动合同期限;(4)工作内容和工作地点;(5)工作时间和休息休假;(6)劳动报酬;(7)社会保险;

(8) 劳动保护、劳动条件和职业危害防护；(9) 法律、法规规定应当纳入劳动合同的其他事项。

如果聘书的内容具备了上述必备条款，劳动者也签字认可，表明双方对劳动关系的权利义务协商一致，聘书具备劳动合同的效力。

聘书如果没有包含劳动合同必备条款，且未经受聘人签字认可，就不能视为劳动合同。

【法律依据】《劳动合同法》第 17 条

130. 哪些情形应签订无固定期限劳动合同？

张先生与某公司协商，约定张先生在某公司工作 3 年，但双方没有签订书面劳动合同。3 年到期后，张先生觉得对某公司的企业文化比较认同，且某公司福利待遇不错，想继续在某公司工作，希望和某公司签订书面劳动合同。这时，李先生的劳动合同期限应该怎么定呢？

李先生与某公司之间自用工之日起满 1 年没有订立书面劳动合同的，1 年后就视为双方已订立无固定期限劳动合同了，所以，李先生可以与某公司签订无固定期限的劳动合同。

除此之外，法律规定用人单位在以下情形也应当订立无固定期限劳动合同：(1) 劳动者在该用人单位连续工作满 10 年的；(2) 用人单位初次实行劳动合同制度或者国有企业改制重新订立劳动合同时，劳动者在该用人单位连续工作满 10 年且距法定退休年龄不足 10 年的；(3) 连续订立两次固定期限劳动合同后续订劳动合同，且劳动者没有《劳动合同法》规定的不能签订无固定期限劳动合同的例外情形。上述情形中，劳动者都有自主选择签订固定期限劳动合同的权利。

【法律依据】《劳动合同法》第 14 条

131. 无固定期限劳动合同是不能解除的合同吗？

一方面，不少劳动者把无固定期限劳动合同视为"护身符"，认为无固定期限劳动合同一经签订就不能解除，是终身的"铁饭碗"，因此千方百计要与用人单位签订无固定期限劳动合同；另一方面，有的用人单位则将无固定期限劳动合同看成了"终身包袱"，想方设法逃避签订无固定期限劳动合同的法律义务。

其实，认为无固定期限劳动合同不能解除是误解。无固定期限劳动合同也是劳动合同的一种类型，在履行过程中，双方协商一致同意解除的就可以依法解除；当法律规定或合同约定的解除条件出现，也可以解除。因此，无固定期限劳动合同并不是"铁饭碗"，劳动者与用人单位都可以依法解除。

132. 用人单位不能与"三期"女职工解除劳动合同吗？

小丽怀孕了，公司把她调整到很轻松的岗位，但小丽还是经常迟到早退甚至不来上班，严重违反了公司规章制度规定，公司多次警告小丽，她还是没有改正，最终公司以小丽严重违反规章制度为由，通知小丽解除劳动关系。小丽认为自己在孕期，公司无权解除劳动合同，是这样吗？

我国劳动法及有关妇女权益保护法律法规对于女职工有特别保护，一般情况下，用人单位不得因女职工处于孕期、产期、哺乳期（统称为"三期"）单方解除劳动合同。但如果处于"三期"的女职工存在以下情形之一的，用人单位依然可以依法单方解除劳动合同：（1）在试用期间被证明不符合录用条件的；（2）严重违反用人单位的规章制度的；（3）严重失职，营私舞弊，给用人单位造成重大损害的；（4）劳动者同时与其他用人单位建立劳动关系，对完成本单位的工作任务造成严重影响，或者经用人单位提出，拒不改正的；（5）以欺诈、胁迫的手段或者乘人之危，使对方在违背真实意思的情况下订立或者变更劳动合同，致使劳动合同无效的；（6）被依法追究刑事责任的。

小丽尽管处于孕期，但她严重违反了公司的规章制度，公司有权按照法定程序解除劳动合同。

【法律依据】《妇女权益保障法》第27条；《劳动合同法》第39条

三、劳动保障

133. 劳动者自愿放弃参加社会保险的行为有效吗？

刘某于2011年3月到某用人单位工作，双方签订的劳动合同约定：刘某的月工资为3000元，社会保险补贴300元/月，刘某自愿放弃参加社会保险。工作期间，刘某因病住院，但因没有参加社会保险，医疗费无法通过医保报销，刘某要求单位补偿，但单位以刘某自愿放弃参加社会保险并收取了社保补贴为由，认为没有义务再给刘某补偿。刘某放弃参加社会保险的行为有没有法律效力呢？

为职工办理社会保险是用人单位的法定义务，属于法律的强制性规定，任何个人和单位不得以任何形式免除该项义务。

刘某与单位以合同形式约定放弃社会保险，并由单位发放社会保险补贴的行为，违反了法律的强制性规定，属于无效行为，由此给刘某造成的损失，应当由单位承担。

【法律依据】《社会保险法》第12条；《社保征缴条例》第4条、第12条

134. 用人单位能否与职工自行约定社会保险缴费基数？

某销售公司聘用李白为市场部员工，每月工资为8000元，劳动合同约定以3000元作为缴纳社会保险费的基数。工作半年后，李白与上司发生矛盾，于是以公司未依法缴纳社会保险费为由提出辞职，并要求公司支付经济补偿金。公司则表示双方对社保费缴费基数已有约定，李白也是同意的，公司没有错。这样的做法是否符合规定？

依法缴纳社会保险费的义务，包括按照规定的险种、缴费基数以及缴费时间及时足额缴纳。企业未按规定的工资基数足额缴纳社会保险费的行为，构成未依法为劳动者缴纳社会保险费，因此，劳动者有权解除劳动合同，企业应当支付经济补偿金。

实务中，有的企业为了降低企业人力资源成本，打起了"擦边球"，比如，与员工约定以较低的基数缴纳社会保险费，或者约定不缴纳社会保险费，而将相应的款项直接支付给员工，这种约定往往因为违反法律的强制性规定而无效。

另外，关于社会保险费的补缴，司法实践中普遍不将其作为劳动争议的受理范围，劳动者主张予以补缴的，只能通过向劳动行政部门和其他主管部门申请解决。如果劳动者要求社会保险经办机构发放社会保险金的，也不属于劳动纠纷，法院不予受理。如果劳动者以用人单位未为其办理社会保险手续，且社会保险经办机构不能补办导致其无法享受社会保险待遇为由，要求用人单位赔偿损失发生的，则属于劳动纠纷，当事人不服劳动争议仲裁机构作出的裁决，可以向法院提起诉讼。

【法律依据】《关于规范社会保险缴费基数有关问题的通知》第5条；《劳动合同法》第38条；《最高人民法院关于王某与某公司劳动争议纠纷申请再审一案适用法律问题的答复》

135. 用人单位能以员工旷工为由不交养老保险费吗？

张三是A公司的员工，2017年7月至12月因个人原因连续旷工6个月，但A公司没有解除合同，事后张三回来继续上班，2019年3月退休，但退休的时候却被告知无法享受基本养老保险待遇。经过查询得知，A公司在张三旷工期间没有为他缴纳基本养老保险费，导致其缴费期限未满15年，于是张三要求A公司补缴。A公司认为，张三旷工长达6个月，公司有权根据规章制度停止为其缴纳基本养老保险费，如果要补缴，所有的保险费都必须由张三自己负担。双方协商未果，产生纠纷。谁说的有道理呢？

劳动者享受基本养老保险待遇，必须满足一定的条件：（1）达到国家规定的退休年龄并已办理相关手续；（2）单位和本人已经按规定缴纳养老保险费；（3）累计缴费满15年。

劳动者和用人单位都应当承担法定的缴纳社会保险费的义务，而不能以员工存在过错、其他理由或约定免除上述义务。如果员工严重违反规章制度，用人单位应在解除劳动合同后，才能停缴社会保险费。张三旷工期间和 A 公司的劳动关系并没有解除，A 公司就应当履行相应的缴费义务，而不能擅自停缴，也不能要求张三承担全部补缴义务。

【法律依据】《社会保险法》第 16 条

136. 单位没开离职证明，失业保险待遇损失由谁承担？

2018 年 7 月 20 日，A 公司与王五签订的劳动合同期限届满，王五和公司一致同意不再续签合同。王五离开公司后玩了一段时间，但想要再找工作时却一直找不到合适的。后来，王五得知可以申请失业金，但社保部门却告知王五没有提供离职证明，不能领取失业金。王五随后找到 A 公司，但 A 公司拒不出具离职证明。王五可以要求 A 公司赔偿失业保险待遇的损失吗？

劳动者享受失业保险待遇，应当同时满足以下条件：（1）失业前已经缴纳失业保险费满 1 年；（2）非因本人意愿中断就业；（3）已办理失业登记，并有求职要求。

劳动者要申请失业金首先应当符合上述条件，同时，用人单位应当在解除或者终止劳动合同时向劳动者出具解除或者终止劳动合同的证明，如果拒不向职工出具证明，导致职工无法享受社会保险待遇的，用人单位应当依法承担赔偿责任。

【法律依据】《社会保险法》第 45 条

137. 员工因交通事故受伤属于工伤吗？

一天，张三骑车去上班，与同样骑车去上班的李四相撞，两人都受伤，交警认定张三全责。后来，社保部门认定李四为工伤，张三不属于工伤，张三不服气，为什么同样是受伤他不能被认定为工伤呢？

职工在上下班途中，受到非本人主要责任的交通事故或者城市轨道交通、客运轮渡、火车事故伤害的，应当认定为工伤。因此，在上下班途中，只有受到"非本人主要责任"的交通事故才能认定工伤。"非本人主要责任"事故认定应当以公安机关交通管理、交通运输、铁道等部门出具的事故责任认定书、结论性意见或人民法院生效裁判等法律文书为依据。交警已认定张三负全责，因此张三不属于工伤。

【法律依据】《工伤保险条例》第14条第6款

138. 司机全责为何还被认定为工伤？

王五是A公司的货车司机，按照公司指令外出送货，在送货过程中因疲劳驾驶与一辆汽车相撞，双方都受伤。交警认定王五全责。王五事后要求A公司申请工伤认定，A公司认为交警已认定王五全责，不属于工伤，拒绝申请。王五只好自己去申请，工伤部门最终认定王五构成工伤。

除了上下班途中遭遇交通事故之外，可以被认定为工伤的情形还包括"在工作时间和工作场所内，因工作原因受到事故伤害"的。王五是A公司的司机，是在执行A公司的工作任务时发生交通事故而受伤，虽然被交警认定为全责，但符合《工伤保险条例》应被认定为工伤的情形。

【法律依据】《工伤保险条例》第14条

139. 上下班路上自己骑车摔倒能否被认定为工伤？

张三晚上骑车下班时，遇到下雨天气，因为披着雨衣遮挡了视线，张三撞上了路中间的隔离带，身上多处受伤。事后，张三申请工伤认定，但社保部门经调查后作出不予认定为工伤的决定。

李四骑车上班途中，路过一段道路时，为躲避路面的积水而摔倒受伤。李四及时报警，交警作出交通事故认定书，认定李四负同等责任。事后，李四申请工伤认定，社保部门认定李四构成工伤。

同样是骑车摔倒，张三和李四为何是不同的结果呢？

张三在下班途中骑车受伤，为单方道路交通事故，在天气恶劣的情况下，未能谨慎驾驶，跨越非机动车道行驶在机动车道上，并因此撞上机动车道中间的隔离带，张三应自行承担事故主要责任或全部责任,不符合"非本人主要责任交通事故"工伤认定的情形。而李四遭遇的事故已经被交警认定为"同等责任",符合"非本人主要责任"的情形,可以被认定为工伤。

职工上下班途中发生交通事故认定为工伤,必须同时满足三个条件,即:合理路线、合理时间、非本人主要责任,缺一不可。从张三和李四的不同遭遇来看,提醒广大上班族,骑行途中一定要遵守交规,注意安全,如果发生碰撞或伤害,一定要及时报警,进行交通事故责任认定,便于维护自身合法权益。

【法律依据】《工伤保险条例》第 14 条第 6 款;《最高人民法院关于审理工伤保险行政案件若干问题的规定》第 6 条;《最高人民法院行政审判庭关于职工无照驾驶无证车辆在上班途中受到机动车伤害死亡能否认定工伤请示的答复》

140. 双重劳动关系下工伤赔偿责任由哪家单位承担?

伏某还没到退休年龄,但在 A 公司办理了内退,随后到 B 公司工作,但 B 公司没有为伏某办理工伤保险手续。某日,伏某在上班途中遇到交通事故受伤,被认定为工伤。伏某向 B 公司主张工伤赔偿,B 公司认为伏某是 A 公司的员工,其与伏某之间只是雇佣关系,不应承担工伤赔偿责任。伏某的工伤赔偿责任应由哪家单位承担呢?

未达到法定退休年龄的内退人员与新用人单位之间的关系属于劳动关系。职工(包括非全日制职工)在两个或者两个以上用人单位同时就业的,各用人单位应当分别为职工缴纳工伤保险费。职工发生工伤,由职工受到伤害时工作的单位依法承担工伤保险责任。

如果伏某的原用人单位 A 公司已缴纳了工伤保险费,B 公司应当同时再缴纳一份工伤保险,但如果根据当地规定,无法为同一个劳动者设立两个工伤保险账户的话,B 公司亦应自用工之日起为伏某办理工伤保险的转移手续并续缴工伤保险费,从而实现分散企业用工风险和保护工伤职工合法权益的立法宗旨。B 公司未履行该法律义务,伏某在 B 公司工作期间发生工伤事故,依法应当由实际用人单位 B 公司履行工伤待遇赔偿的法律义务。

【法律依据】《实施〈中华人民共和国保险法〉若干规定》第9条

141. 工伤如何认定、申请期限多长、申请主体是哪一方？

2019年3月的一天，小明刚刚下班，准备收拾完会议室的桌椅就回家，却不小心被桌子绊倒受伤，但单位却以不在工作时间内受伤不属于工伤为由，一直没有给小明申请工伤认定，小明住院2个月，伤好出院后，小明听说申请工伤认定的时间只有30天，是这样吗？

有下列情形的，都属于工伤：（1）在工作时间和工作场所内，因工作原因受到事故伤害的；（2）工作时间前后在工作场所内，从事与工作有关的预备性或者收尾性工作受到事故伤害的；（3）在工作时间和工作场所内，因履行工作职责受到暴力等意外伤害的；（4）患职业病的；（5）因工外出期间，由于工作原因受到伤害或者发生事故下落不明的；（6）在上下班途中，受到非本人主要责任的交通事故或者城市轨道交通、客运轮渡、火车事故伤害的；（7）在工作时间和工作岗位，突发疾病死亡或者在48小时之内经抢救无效死亡的；（8）在抢险救灾等维护国家利益、公共利益活动中受到伤害的；（9）职工原在军队服役，因战、因公负伤致残，已取得革命伤残军人证，到用人单位后旧伤复发的；（10）法律、行政法规规定应当认定为工伤的其他情形。

小明虽然是在下班以后受伤，但他从事的是与工作有关的收尾性工作，因此受伤仍属于工伤。

职工发生事故伤害或者按照职业病防治法规定被诊断、鉴定为职业病，所在单位应当自事故伤害发生之日或者被诊断、鉴定为职业病之日起30日内，向统筹地区社会保险行政部门提出工伤认定申请。遇有特殊情况，经报社会保险行政部门同意，申请时限可以适当延长。用人单位未及时提出工伤认定申请的，工伤职工或者其近亲属、工会组织可以在1年内，直接向用人单位所在地统筹地区社会保险行政部门提出工伤认定申请。

小明受伤后，应由单位作为申请主体在30天内提出工伤认定申请。即便单位超过30天没有申请，小明或者小明的家人也可以在事故发生之日起1年内提出申请，所以小明听说的消息是不准确的。

【法律依据】《工伤保险条例》第14条、第15条、第17条

四、劳动争议

142. 被辞退一年后还能向单位主张权利吗？

小王被公司辞退一年以后，才从朋友那里得知可以要求公司支付经济补偿金或者赔偿金。但小王打算去劳动仲裁委员会申请仲裁时，却被告知不能主张权利了，为什么呢？

劳动争议申请仲裁的时效期间为1年，从当事人知道或者应当知道其权利被侵害之日起计算。小王从被公司辞退那天开始就知道或者应当知道权利受到侵害，但小王超过1年才申请劳动仲裁的，已经超过了1年的仲裁时效。

【法律依据】《劳动争议调解仲裁法》第27条

143. 单位能以不符合录用条件为由辞退新员工吗？

张先生看到A公司刊登的招聘广告便递交了面试申请，经过面试合格后，A公司与张先生签订了劳动合同，并约定试用期为3个月。试用期还没满，A公司就以张先生不符合录用条件为由，决定解除劳动合同，张先生觉得A公司没道理，双方产生纠纷。

张先生提供了A公司刊登的招聘广告，证明他符合招聘广告所列明的每一项录用条件，现A公司以张先生不符合录用条件为由要求解除劳动合同，但没有提供经过公示或者张先生知晓的具体的录用条件。因此张先生对照公示的录用条件，认为A公司以不符合录用条件解除劳动合同属于违法行为。

在试用期间，用人单位发现劳动者有符合法定解除合同情形的，

如查明实际学历情况、个人信用情况不符合录用条件的,用人单位有权辞退劳动者。试用期满,根据双方签订的试用期合同的约定,符合解除合同条件的,如劳动者考核不合格,用人单位也有权予以解聘。

【法律依据】《劳动合同法》第39条第1款

144. 试用期的约定有限制吗?

张三与A公司签订了2年期的劳动合同,约定试用期为6个月,试用期工资为5000元,转正工资为8000元。一年后,张三决定辞职,无意中从电视普法节目中得知A公司约定的试用期比法律规定多了4个月,于是要求与A公司解除劳动合同并支付赔偿金。

法律对试用期的期限是有规定的:(1)劳动合同期限3个月以上(包括3个月)不满1年的,试用期不得超过1个月;(2)劳动合同期限1年以上(包括1年)不满3年的,试用期不得超过2个月;(3)3年以上(包括3年)固定期限和无固定期限的劳动合同,试用期不得超过6个月。

张三和A公司订立的是2年期的劳动合同,最多可约定2个月的试用期,因此,公司约定6个月的试用期违反了法律规定。但由于试用期已经履行完毕,因此,A公司应当从第3个月开始按照转正后的工资标准向王某支付4个月的赔偿金。

【法律依据】《劳动合同法》第19条

145. 单位可以要求员工提供担保吗?

小李进入深圳一家服装批发公司工作,工作内容是向各批发商收取货款,公司担心小李侵吞货款,入职的时候,要求小李提供一个深圳户口的亲朋好友作为担保人并缴纳5000元的保证金。后来,小李因欠外债要还,挪用了公司1万元的货款未上交,而且消失了一周。公司发现后没收了小李的保证金,并要求小李的担保人老王替小李支付挪用的货款。公司有权这样做吗?

法律规定用人单位招用劳动者不得要求劳动者提供担保或者以其他名义向劳动者收取财物。如发生上述行为,单位将被处以行政处罚并须承担相应的赔偿责任。

上述案例中,服装批发公司要求小李缴纳保证金的行为是违法的。公司要求老王作为小李的担保人与收取保证金在形式上不同,但两者实质内容相同,均在主观上违背了求职者的真实意愿,在客观上给劳动者就业人为地设置了障碍,因此,公司与老王之间建立的担保关系无效,老王无须为小李承担担保责任。

【法律依据】《劳动合同法》第9条、第84条

146. 员工不同意续签劳动合同,单位还要支付经济补偿金吗?

李四和A公司签订的为期3年劳动合同期满,A公司还想和李四续签,但李四想另谋高就,不愿意续签合同。于是A公司向李四发出解除劳动合同的通知书,告知劳动合同期限届满,终止双方的劳动关系。李四据此要求A公司支付经济补偿金,A公司认为是李四不续签合同,其不需要支付经济补偿金。哪一方的主张有道理呢?

经济补偿金,是指劳动合同解除或终止后,或存在其他法定情形时,用人单位依法一次性支付给劳动者的经济上的补助。

固定期限劳动合同期满终止的,两种情形下,用人单位应当支付经济补偿金:(1)用人单位不同意续订劳动合同的;(2)用人单位虽同意续订劳动合同,但续订劳动合同中约定的各项劳动条件低于原劳动合同中的约定条件,劳动者不同意续订的。除此之外,如果是劳动者不同意续订的,用人单位无须支付经济补偿金。

在前面的案例中,从形式上看是A公司向李四发出的解除劳动合同的通知书,但如果A公司有证据证明李四不同意续签合同,是不要支付经济补偿金的。

【法律依据】《劳动合同法》第46条第(5)项

147. 经济补偿金怎么计算?

2011年,唐某正式成为A公司技术部的职员,2016年5月,A

公司和B公司开展业务交流项目,唐某被安排到B公司工作,工作岗位等都未发生变化。唐某在B公司工作期间,A公司与她解除了劳动合同,支付了5个月的经济补偿金。唐某随后与B公司签订了劳动合同。2018年7月,B公司要和唐某解除劳动合同,那么,B公司应支付的经济补偿金如何计算?

经济补偿金的计算标准,按工作年限,每满1年支付1个月工资的经济补偿。6个月以上不满1年的,按1年计算;不满6个月的,支付半个月工资的经济补偿。这里的月工资是指劳动者在劳动合同解除或者终止前12个月的平均工资。不满12个月的,按照实际工作的月数计算平均工资。月工资包括计时工资或者计件工资以及奖金、津贴和补贴等货币性收入。前12个月的平均工资低于当地最低工资标准的,按照当地最低工资标准计算。前12个月的平均工资高于当地最低工资标准3倍的,按照3倍计算,且支付年限不超过12年。

劳动者非因本人原因从原用人单位被安排到新用人单位工作的,劳动者在原用人单位的工作年限合并计算为新用人单位的工作年限。原用人单位已经向劳动者支付经济补偿的,新用人单位在依法解除、终止劳动合同计算支付经济补偿的工作年限时,不再计算劳动者在原用人单位的工作年限。

"劳动者非因本人原因从原用人单位被安排到新用人单位工作"是指:(1)劳动者仍在原工作场所、工作岗位工作,劳动合同主体由原用人单位变更为新用人单位;(2)用人单位以组织委派或任命形式对劳动者进行工作调动;(3)因用人单位合并、分立等原因导致劳动者工作调动;(4)用人单位及其关联企业与劳动者轮流订立劳动合同;(5)其他合理情形。

本案中,唐某因服从A公司安排被派往B公司工作,其在A公司工作的5年应合并计入B公司的工作年限。由于A公司已经向唐某支付了5个月的经济补偿金,因此B公司在解除劳动合同计算支付经济补偿的工作年限时,不再计算其在A公司的工作年限。

【法律依据】《劳动合同法》第 47 条；《审理劳动争议解释（四）》第 5 条

148. 违反规章制度就应当被开除吗？

A 公司是一家生产烟花爆竹的企业，A 公司的规章制度张贴在公司的醒目位置，并且给每个员工发放的员工手册里都有规章制度的内容，A 公司规定职工不得在车间内吸烟，一经发现即开除。

B 公司是一家在写字楼里办公的商贸公司，B 公司的规章制度也规定员工在办公室内吸烟，公司一经发现即开除。但 B 公司只是在办公室里张贴了"请勿吸烟"的标志，规章制度没有公示，也没有给员工发放手册。

A 公司和 B 公司的两位员工都在工作场所吸烟，他们都应当被开除吗？

单位制定直接涉及劳动者切身利益的规章制度应经过民主程序并向劳动者公示。民主程序是指用人单位应与职工代表大会或全体职工讨论，提出方案和意见，与工会或职工代表平等协商确定。但现实中不少企业制定直接涉及劳动者切身利益的规章制度都是由企业自行制定后再向员工公示。用人单位通过民主程序制定的规章制度，不违反国家法律、行政法规及政策规定，并已向劳动者公示的，可以作为确定双方权利义务的依据。但如果用人单位的内部规章制度与集体合同或者劳动合同约定的内容不一致的，劳动者可以请求优先适用合同的约定。

A 公司在醒目位置张贴规章制度并给每个员工发放含有规章制度内容的员工手册，可以认为规章制度经过公示；B 公司只是在办公室张贴了"请勿吸烟"的标志，规章制度的内容并没有向员工披露，不能视为经过公示程序。因此，A 公司有权以员工严重违反规章制度为由开除员工，而 B 公司则不能。

【法律依据】《劳动合同法》第 4 条；《审理劳动争议案件解释（一）》第 50 条

五、女工权益

149. 公司可以拒绝录用女性求职者吗？

2020年3月，马上就要毕业的小丽在网上看到一家设计公司招聘一名设计师，招聘条件、工作待遇等都与小丽的条件和需求不谋而合，但只有一点不符合要求，那就是这家公司只招男性。为此，小丽特地打电话到公司咨询女性可否投简历，但公司以设计师需要经常出差，公司老板是男性等为由，回复只招男性。小丽不服，要求公司将招聘条件放宽为不限性别，但遭到了公司的拒绝。公司能否以性别为由拒绝招录女性求职者呢？

按照劳动法等相关规定，劳动者享有平等就业的权利，劳动者就业不因性别等情况不同而受歧视，国家保障妇女享有与男子平等的劳动权利和社会保障权利。禁止各类用人单位、人力资源服务机构在拟订招聘计划、发布招聘信息、招用人员过程中，限定性别（国家规定的女职工禁忌劳动范围等情况除外）或性别优先，不得以性别为由限制妇女求职就业、拒绝录用妇女，不得询问妇女婚育情况，不得将妊娠测试作为入职体检项目，不得将限制生育作为录用条件，不得差别化地提高对妇女的录用标准。

女职工禁忌从事的劳动范围包括矿山井下作业；体力劳动强度分级标准中规定的第四级体力劳动强度的作业；每小时负重6次以上、每次负重超过20公斤的作业，或者间断负重、每次负重超过25公斤的作业。女职工在经期、孕期、哺乳期等也分别有一些禁忌从事的劳动。

上述案例中，设计公司发布的招聘需求为设计师，有关工作并不属于女职工禁忌从事的劳动范围，其仅限定男性的招聘信息，侵犯了小丽平等就业的权利，对小丽实施了就业歧视，小丽可以依法主张相应的侵权赔偿。

【法律依据】《妇女权益保障法》第 23 条;《人力资源社会保障部、教育部等九部门关于进一步规范招聘行为促进妇女就业的通知》第 2 条;《女职工保护规定》附录:女职工禁忌从事的劳动范围

150. 女职工可以"保胎"为由要求休假 10 个月吗?

小美是公司的推销员,主要工作是外出推销产品。小美怀孕后时常不舒服,经医院检查,小美有先兆流产的迹象,医生建议小美尽量卧床休息,不要太过劳累。小美因此以"保胎"为由向公司请假 10 个月,并要求公司按照她正常工作时的标准发放工资。小美的要求合理吗?

按照有关规定,女职工在孕期不能适应原劳动的,用人单位应当根据医疗机构的证明,予以减轻劳动量或者安排其他能够适应的劳动。对怀孕 7 个月以上的女职工,用人单位不得延长劳动时间或者安排夜班劳动,并应当在劳动时间内安排一定的休息时间。怀孕女职工在劳动时间内进行产前检查,所需时间计入劳动时间。

女职工在生育之后,可以依法享受产假,但并没有"保胎假"这一说。因此,小美怀孕后,根据医院诊断确实无法继续从事推销员的工作,公司可以对小美调整工作岗位,安排一些不需要奔波,或者其他小美的身体可以适应的工作。如果根据医院的证明,小美确实无法从事任何工作的,可以按照公司关于病假的规定处理。小美直接向公司提出 10 个月的"保胎假",还要公司按照正常标准发放工资,并不符合劳动者"按劳取酬"的原则。

【法律依据】《妇女权益保障法》第 26 条;《女职工保护规定》第 6 条

151. 公司可以随意降低怀孕女职工的工资吗?

小燕是一家软件公司的项目经理,月薪 1 万元。入职两年后,小燕怀孕了,由于怀孕初期身体不适,小燕请了半个月的病假,但休完病假回公司上班后,公司却直接将小燕调整到后勤组,并将小燕的工资调整到 5000 元,小燕不同意公司的调整,但公司却告诉小

燕如果不同意的话，只能辞职，小燕该怎么办呢？

根据有关规定，用人单位不得单纯因女职工怀孕、生育、哺乳就降低工资、予以辞退、与其解除劳动合同。即使单位确实是出于保护"三期"女职工而变更劳动合同的约定，用人单位需与劳动者协商一致，并采用书面的形式进行变更。如果"三期"女职工确实存在严重旷工违纪的，公司可按照法定程序处理。

软件公司在小燕怀孕期间，未经协商单方调整小燕的工作岗位和工资，属于单方变更劳动合同行为，不符合法律规定。小燕可以要求公司恢复岗位和工资，或者经其同意调整合适的岗位和工资待遇。

【法律依据】《妇女权益保障法》第 27 条；《女职工保护规定》第 5 条

152. 员工个人要缴纳生育保险费吗？

杨小姐是广告公司的员工，广告公司按照杨小姐工资总额 0.8%的比例按月向社保机构缴纳生育保险费。但公司另外每个月从杨小姐的工资里自行扣除 0.3% 的费用，跟杨小姐说这是个人要缴纳的部分生育保险费。后来，杨小姐发现有部分同事并不需要自己缴纳生育保险费，于是产生疑问，员工个人要缴纳生育保险费吗？

生育保险费由企业按照其工资总额的一定比例向社会保险经办机构缴纳，职工个人不缴纳生育保险费。因此，广告公司擅自从杨小姐的工资中扣除生育保险费的做法是违法的，应当向杨小姐退还已收取的生育保险费。

【法律依据】《社会保险法》第 53 条

153. 单位可以不给休产假的女职工发工资吗？

王女士是 A 公司的老员工，2018 年，王女士怀孕，A 公司批准王女士可以休产假 180 天。产假期间，王女士从生育保险基金中领取了生活补助和 98 天的生育津贴。休完 180 天的产假后，王女士为了更好地照顾宝宝，向 A 公司提出辞职，并要求 A 公司支付产假期间未获得生育津贴的 82 天的工资。A 公司认为，其依法为王女士缴纳了生育保险，王女士产假期间也获得了生活补助和生育津贴，A 公司没有义务再发工资。A 公司应不应该向王女士补发未取得生育津贴的 82 天的工资呢？

女职工生育按照法律、法规的规定享受产假，一般不少于 98 天，各地有不同的规定。产假期间可以享受生育保险待遇，包括生育医疗费用和生育津贴。生育津贴相当于法定产假期间的工资，女职工在休法定产假期间，由生育保险基金支付生育津贴，用人单位不再发放工资。

案例中，A 公司批准王女士的产假是 180 天，超过当地法定产假。因此，对于公司额外批准的产假，应由 A 公司按照公司制度规定支付工资。

【法律依据】《社会保险法》第 54 条；《企业职工生育保险试行办法》第 5 条

154. 产假没休完就上班，生育津贴和工资能否兼得？

小美是 A 公司的骨干员工，按规定怀孕休 120 天的产假。可小美刚休完 2 个月，A 公司老板就因为一项紧急工作召小美回来上班。后来，小美打算辞职，便向 A 公司主张没休完的 2 个月产假期间的工资，A 公司认为社保部门已经向小美发放了 120 天的生育津贴，A 公司没有义务再给其发放工资，生育津贴和工资不能兼得，是这样吗？

如同劳动者未休年休假上班可以请求用人单位支付年休假工资报酬一样，女职工未休完产假提前上班，不应视为女职工已放弃产假的权利，并不能因此免除用人单位支付产假待遇的法定义务。

小美未休完产假即上班，其上班期间所得工资是因提供劳动所得的劳动报酬，该劳动报酬与产假待遇属不同性质，前者是基于劳动关系的劳动所得，后者是基于女职工生育保险法律关系的待遇，二者并不冲突，不构成重复获利。A 公司应向小美支付没休完的 2 个月产假期间的工资。

【法律依据】《劳动法》第 3 条

第六章

知识产权

知识产权是具有价值和使用价值的无形财产权。法律赋予工业产权和著作权的权利人在一定时期内享有专有权。

一、著作权

155. 创意属于著作权法所保护的作品吗？

在北京奥运会上，张艺谋采用了钟某提出的火炬点火仪式的创意，并以美轮美奂的大型舞蹈将该创意予以实施。钟某提出的火炬点火仪式的创意属不属于作品，能不能受到著作权法的保护呢？

著作权也称为版权，是指文学、艺术和科学领域内具有独创性并能以一定形式表现的智力成果的作者及其相关主体依法对作品所享有的人身权利和财产权利。

著作权法所保护的作品包括：文字作品；口述作品；音乐、戏剧、曲艺、舞蹈、杂技艺术作品；美术、建筑作品；摄影作品；视听作品；工程设计图、产品设计图、地图、示意图等图形作品和模型作品；计算机软件；以及符合作品特征的其他智力成果。

著作权人享有的人身和财产权利包括：发表权、署名权、修改权、保护作品完整权、复制权、发行权、出租权、展览权、表演权、放映权、广播权、信息网络传播权、摄制权、改编权、翻译权、汇编权等。

钟某提出的点火创意并没有形成法律规定的作品，不享有著作权。但对该创意的表达，如舞蹈、杂技艺术等符合独创性要求的则为作品，可以享有著作权。

【法律依据】《著作权法》第3条、第10条

156. 新闻受著作权法保护吗？

张某在报纸上看到著作权法规定的作品包括文字作品，张某发现他正在看的新闻也是文字作品，是不是也受著作权法保护呢？

不受著作权法保护的对象包括：（1）法律、法规，国家机关的决议、决定、命令和其他具有立法、行政、司法性质的文件，及其

官方正式译文。这些对象不通过著作权法加以保护的根本原因在于方便人们自由复制和传播。(2) 单纯事实消息。但传播报道他人采编的单纯事实消息应当注明出处。(3) 历法、通用数表、通用表格和公式。这类成果表现形式单一，应成为人类的共同财富，不宜被垄断使用，如元素周期表、乘法口诀表等。因此，张某看到的时事新闻不受著作权法保护。

【法律依据】《著作权法》第 5 条

157. 职务作品的著作权由谁享有？

甲老师是学校的资深教师，具有 30 年的从教经历，教学经验丰富，曾经获得过很多荣誉。甲老师自从入职开始，就严格按照学校的要求，每季度上交一份教案以供教学质量检查。甲老师退休后，想要撰写一本教材记录其教学经验和教学方法，于是向学校请求取回其教学生涯中所撰写的教案，但学校始终未能提供，并认为教案是职务作品，著作权属于学校。教案的著作权属于学校还是甲老师呢？

职务作品是指公民为完成法人或者其他组织工作任务所创作的作品。职务作品分为一般职务作品和特殊职务作品。特殊职务作品包括：(1) 主要是利用法人或者其他组织的物质技术条件创作，并由法人或者其他组织承担责任的工程设计图、产品设计图、地图、计算机软件等职务作品；(2) 法律、行政法规规定或者合同约定著作权由法人或者其他组织享有的职务作品。特殊职务作品的作者只享有署名权，其他权利由法人或者其他组织享有，可以给予作者奖励。

除特殊作品之外都属于一般职务作品。一般职务作品的著作权由作者享有，但法人或者其他组织有权在其业务范围内优先使用。作品完成两年内，未经单位同意，作者不得许可第三人以单位使用的相同方式使用该作品。

甲老师创作的教案属于一般职务作品，著作权属于甲老师，学校仅享有两年的优先使用权。所以，学校收取甲老师创作的作品，应当承担保管的义务,甲老师请求取回自己创作的教案,学校不能拒绝。

【法律依据】《著作权法》第 18 条

158. 职务作品的作者有署名权吗?

某公司计划对外推出一款大型游戏软件。甲负责其中的软件编程工作。甲按时完成任务并提交给领导乙,在这之后,领导乙多次以不符合公司预期目标为由要求甲进行修改,且每次软件修改都由甲单独完成。公司整合员工编写的软件并最终发布后,员工甲发现自己编写的程序中,署有领导乙的名字而没有自己的名字。甲能要求公司修改署名吗?

甲开发的软件编程属于特殊职务作品,著作权直接归单位所有,但甲享有署名权。领导乙署名的程序部分确为甲编写的,甲有权要求公司修改署名,否则应当承担侵犯甲署名权的不利后果。

【法律依据】《著作权法》第 18 条

159. 上传视频会侵犯著作权吗?

张三出于兴趣剪辑制作了一段有关篮球运动的视频并将该视频发送给朋友李四观看。李四接收并观看后发现张三制作的视频风格阳光大方、画质清晰,遂在知名度和市场占有度较高的一家视频网站上传了这段视频。由于其精良的制作,该视频被上传后在小范围内引起轰动,视频点击量逐日激增,李四也获得了较大的经济利益。张三得知后,要求李四停止侵犯自己的著作权并赔偿其经济损失。李四的行为侵犯了张三的著作权吗?

视频属于著作权法保护的作品,著作权人享有发表权和信息网络传播权等权利。信息网络传播权,是指以有线或者无线的方式传送作品,使得公众可以在自己选定的时间地点获得作品的权利。李四未经著作权人张三的许可上传视频至公共领域的行为不仅侵犯了张三的发表权,更是侵犯了其信息网络传播权。张三有权要求李四停止侵害、消除影响、赔礼道歉,造成损失的,还应赔偿损失。

【法律依据】《著作权法》第 10 条

160. 使用他人作品都构成侵权吗？

作家甲呕心沥血创作了优秀的小说《石上青松》。某电影学院学生乙为完成课程作业，将《石上青松》改编成电影剧本。该电影学院选择将该剧本用于学生毕业作品展的拍摄，投资并组织该学院毕业生联合摄制了电影《石上青松》。该片摄制完成后，曾在该电影学院报告厅放映一次用于教学，观看者仅限于该校学生。甲得知了这个情况后，认为该电影学院侵犯了甲的改编权和摄制权。

法律规定，著作权在特定情况下有权利限制。在特定情况下使用作品，可以不经著作权人许可，不向其支付报酬，但应当指明作者姓名或者名称、作品名称，并且不得影响该作品的正常使用，也不得不合理地损害著作权人的合法权益。在本案中，学生乙改编甲创作的小说的目的是完成学院布置的课程作业，是为个人目的使用，属于著作权限制的合理使用范畴，并未侵犯甲的著作权。该学院组织学生对剧本《石上青松》进行拍摄并以教学为目的放映，同样应当归入合理使用的范畴。

【**法律依据**】《著作权法》第 24 条

161. 将他人的作品发表朋友圈会侵犯他人的著作权吗？

某书画鉴赏家甲与知名书法家乙是多年好友，两人交往十分密切。某天，甲受乙之邀鉴赏一幅其刚刚完成的作品《八骏图》。甲到达乙的住处后，在书房等候时，在乙的书桌上看到了《八骏图》，惊为天人。甲在沉醉欣赏的同时，利用其随身携带的智能手机在微信软件上发布了一条朋友圈信息，内容是"乙的书法造诣已达炉火纯青之境界"，并搭配了乙完成的《八骏图》的全貌。由于不希望受到外界的干扰，乙本不想发表该幅作品，只想让部分亲人朋友欣赏。但是，甲发布了这条朋友圈信息后，许多书画界的同行与乙联络，希望能够一窥这幅作品的风采。乙不胜其烦，于是，以甲侵犯其著作权为由向法院提起诉讼，要求法院判令甲赔礼道歉、消除影响。

乙作为《八骏图》的作者，理所当然地对这幅书法作品享有著作权。在著作权中，发表权是指权利人有权选择是否公布作品以及以何种形式公布作品。发表权是一项很重要的内容，具有人身权的性质，甲在未取得乙的许可的情况下，擅自将其作品《八骏图》公布，侵犯了其著作权中的发表权，应当承担侵权责任。

【法律依据】《著作权法》第 10 条

162. 微信公众号可以随意使用他人拍摄的照片吗？

A 旅游公司的微信公众号发布了一篇介绍某地旅游文化的图片，其中一幅图片为市民王某拍摄的。王某发现后认为 A 旅游公司未经许可使用其作品，构成侵权，起诉到人民法院要求 A 旅游公司停止侵权并赔偿损失。王某的诉求能得到支持吗？

王某拍摄的照片属于摄影作品，王某作为作者，依法享有著作权。未经著作权人许可，复制、发行、表演、放映、广播、汇编、通过信息网络向公众传播其作品的，属于侵权行为。

A 旅游公司使用王某的作品作为经营使用，间接获取了一定的商业利益，确实存在侵权行为，应当立即停止使用，并根据其侵权及获利的具体情况，赔偿王某的损失。

微信公众号作为新媒体，应当尊重他人的著作权，但并非所有图片都是作品，拥有著作权。受法律保护的作品应当是符合法定形式创作的文学、艺术和科学领域内具有独创性并能以一定形式表现的智力成果。而且著作权的权利根据权利类别具有不同的保护期，如公民作品的发表权保护期为作者终生及到其死亡后第 50 年的 12 月 31 日。但作者的署名权、修改权、保护作品完整权的保护期不受限制。

此外，在合理范围内使用作品，并不构成侵权，如为个人学习、研究或欣赏，使用他人已经发表的作品；国家机关为执行公务在合理范围内使用已经发表的作品；对设置或者陈列在室外公共场所的艺术作品进行临摹、绘画、摄影、录像；为介绍、评论某一作品或者说明某一问题，在作品中适当引用他人已经发表的作品；为报道时事新闻，在报纸、期刊、广播电台、电视台等媒体中不可避免地再现或者引用已经发表的作品等。

【法律依据】《著作权法》第23条、第24条、第53条

163. 转载他人微信公众号的内容构成侵权吗？

微信是眼下最火爆的自媒体平台之一。微信公众号转载他人原创作品，是合理使用还是侵犯著作权？

如果微信公众号未经作者许可擅自转载他人作品，侵犯了著作权人的信息网络传播权；对于未给予作者署名，甚至篡改原作的，同时构成对作者署名权、保护作品完整权的侵犯。如果微信公众号未经授权转载文章，但标明了作者及出处的，虽然没有侵犯作者的署名权，但仍然侵犯其信息网络传播权。因此，微信公众号未经授权转载他人作品（无论是原创作品、授权作品还是演绎作品），都不属于合理使用，也不属于法定许可，涉嫌侵犯该作品的著作权。原创者可以依法要求公众号的运营者承担侵权责任。

【法律依据】《著作权法》第24条

164. 职工在办公电脑中安装、使用盗版软件，单位需承担责任吗？

A公司的职工在办公室电脑中安装了一款盗版游戏软件，被游戏公司发现后，要求A公司承担责任，A公司则认为职工的行为与公司无关。A公司要不要承担责任呢？

职工在办公电脑中安装、使用盗版软件是否构成侵权，要区别对待：如果员工安装、使用的是与工作无关的盗版软件，那么不属于履行职务，单位不对非职务行为的员工侵权行为承担责任。如果员工安装、使用与履行工作职责相关的盗版软件，那么单位应当承担侵权责任，严重的依法还可能会承担行政责任乃至刑事责任。

165. 撰写论文时摘引他人的作品构成侵权吗？

小王因职称评定需要发表一篇论文，在论文撰写过程中，他看到某杂志上的一篇文章和他的观点颇为一致就加以引用，并在文末注明了所参阅的文章及其作者。小王这种行为构成侵权吗？

为介绍、评论某一作品或者说明某一问题，在作品中适当引用

他人已经发表的作品,可以不经著作权人许可,不向其支付报酬,但应当指明作者姓名或者名称、作品名称,并且不得影响该作品的正常使用,也不得不合理地损害著作权人的合法权益。否则就构成侵权。"适当引用"不仅要求在量和比例上是适当的,而且要求所引用的作品只能是已经发表的作品,对于未发表的作品,则必须征得著作权人的同意,并且要支付报酬。

【法律依据】《著作权法》第 22 条、第 24 条

166. 淘宝店使用他人作品用于宣传是否属于侵权行为?

李先生经营着一家网店,主要通过互联网向外出售成品衣物。某日,李先生偶然在网络上看到一幅摄影作品,其中模特所着的服装与自己服装店中销售的一款女性服装基本一致。于是,李先生将该照片用作宣传并在照片上附带服装店的链接。李先生所使用的摄影作品是赵先生使用摄制手段创作的,凝聚着赵先生的心血。李先生将该照片用作商品宣传之后服装的销量大增。赵先生在网络上发现李先生将其作品用作商品宣传后,要求其立即停止侵权行为,赔礼道歉。

赵先生作为摄影作品的作者,对该作品享有著作权。李先生未经著作权人的许可将其作品用作自己网店的宣传,属于侵犯他人著作权中的信息网络传播权的行为。

二、商标权

167. 声音可以作为商标吗?

甲公司主持创作了一段时长三秒、轻松明快的钢琴旋律作为其研发的某款电子产品的开机提示音并向商标局申请注册为商标,商标局予以审定。某程序员乙购买该电子产品后,发现这段钢琴旋律欢快动听,令人印象深刻。于是,乙在其随后自主设计的一款手机

游戏中使用这段旋律作为游戏开始的提示音。由于这段旋律十分动听，程序员乙设计开发的手机游戏广受好评，其本人也获得巨大的经济收益。甲公司得知后，立即以乙侵犯其商标专用权为由向法院起诉。声音也可以作为商标吗？

任何能够将自然人、法人或者其他组织的商品与他人的商品区别开的标志，包括文字、图形、字母、数字、三维标志、颜色组合和声音等，以及上述要素的组合，均可以作为商标申请注册。商标要求具有显著特征，便于识别。甲公司主持创作的钢琴旋律虽然是声音，但具有显著性，并经过法定程序注册成商标，则商标权人甲公司对其当然享有商标专用权。程序员乙的行为侵犯了甲公司的商标权，乙应当立即停止侵权行为，并赔偿甲公司的经济损失。

【法律依据】《商标法》第8—9条

168. 未经注册的商标有专用权吗？

某市设计师甲自主研发了一款无线便携式充电设备，并起名为"指充宝"，但是并未向商标局申请商标注册。"指充宝"投入市场后反馈良好，供不应求。许多从事相关行业的企业开始制造同类产品，并不约而同地以"指充宝"为名进行销售。一年之后，该市已普及无线便携式充电设备。设计师甲认为"指充宝"是自己设计研发的，是用于区别于其他电子产品的商标，自己享有商标专用权，请求法院判令其他企业立即停止侵权行为并赔偿其损失。

设计师甲并没有就"指充宝"这一名称向商标局申请注册商标。由于甲怠于申请注册商标，同类产品大量投入市场后采用相同命名，造成该市公众普遍认为无线便携式充电设备的通用名称即为"指充宝"。将特定标识认定为通用名称即是确定了该标识不能够标示商品或者服务的来源，不具有显著性，不能作为商标。所以"指充宝"这个名称在特定地域内已经失去显著性，不能作为商标进行注册，任何特定主体也不能享有其商标专用权了。

【法律依据】《商标法》第11条

169. 能以他人著作权中的形象申请注册商标吗？

作家甲呕心沥血创作了一部小说《人间百态》，作品发表并出版发行后好评不断，作家甲本人也名利双收。在这部小说中，作家甲通过一系列情节设计成功地塑造了"小五爷"这一酷爱坚果的纨绔子弟的人物形象，使之深入人心。乙公司是一家从事食品加工生产的企业，为了增加产品销量，向商标局申请注册"小五爷"为商标并用于其生产的坚果类食品。作家甲认为乙公司的行为损害自己以及自己作品的声誉，遂以乙公司的行为侵犯了自己在先著作权为由，要求注销乙公司申请注册的"小五爷"商标并由乙公司向其发表道歉声明。

乙公司申请注册商标的行为虽然符合法定程序，但是并没有取得在先著作权权利人作家甲的许可，侵犯了其著作权。其实不仅是著作权，只要是确定在先的权利被未经许可的以各种形式注册为商标，一般来说，都可以请求宣告注册商标无效。确立这种限制注册商标的制度的主要目的就是防止其他经营者搭便车、抢注商标侵害他人权益，损害正常的市场竞争。

【法律依据】《商标法》第 32 条

170. 注册域名是否侵犯他人商标专用权？

某农林大学养殖优良肉鸡并制成烧鸡对外销售，在较大范围内广受好评。该校还为其制作的烧鸡以"××烧鸡"（××为某农林大学校名）向商标局申请注册商标，享有商标专用权。某农户甲在网上销售自家生产的、以真空包装的熟食为主的农副产品。农户甲为了增加销量、扩展客源，将其网站域名注册为"xxshushi.com"（××为某农林大学校名）。一部分消费者根据域名认为农户甲经营的网店与该农林大学存在某种关联，产品质量存在一致性，因此购买了农户甲生产的农副产品。该农林大学得知后，以农户甲注册的域名侵犯其商标专用权为由将其起诉至法院，要求法院判令甲立即注销该域名，向其赔礼道歉并赔偿损失。农户甲辩称其注册的域名与农林大学注册的文字商标有一定的区别,不容易造成混淆。

农户甲的行为是注册域名,但是实际上已经造成了消费者对于某农林大学和农户甲的商品之间的混淆。由于农户甲的行为,某农林大学商标的区分来源功能受到了一定程度的破坏,因此甲的行为是一种商标侵权行为,侵犯了某农林大学的商标专用权,甲应当立即停止侵权行为并赔礼道歉。

【法律依据】《商标法》第 57 条

171. 商标中可以使用"中国"标志吗?

王五是个爱国人士,他打算注册一个中国特色伴手礼的品牌商标,并使用"中国"的字样,这样可行吗?

在我国,下列标志不得作为商标使用:(1)同中华人民共和国的国家名称、国旗、国徽、国歌、军旗、军徽、军歌、勋章等相同或者近似的,以及同中央国家机关的名称、标志、所在地特定地点的名称或者标志性建筑物的名称、图形相同的;(2)同外国的国家名称、国旗、国徽、军旗等相同或者近似的,但经该国政府同意的除外;(3)同政府间国际组织的名称、旗帜、徽记等相同或者近似的,但经该组织同意或者不易误导公众的除外;(4)与表明实施控制、予以保证的官方标志、检验印记相同或者近似的,但经授权的除外;(5)同"红十字""红新月"的名称、标志相同或者近似的;(6)带有民族歧视性的;(7)带有欺骗性,容易使公众对商品的质量等特点或者产地产生误认的;(8)有害于社会主义道德风尚或者有其他不良影响的。县级以上行政区划的地名或者公众知晓的外国地名,不得作为商标。但是,地名具有其他含义或者作为集体商标、证明商标组成部分的除外;已经注册的使用地名的商标继续有效。

所以,王五注册商标不能使用"中国"字样。

【法律依据】《商标法》第 10 条

172. 可以通过转让注册商标获利吗?

李小姐注册了一个商标,但她并没有使用在商品上,她想把这个商标转让，或者通过其他方式获取经济利益，但她不知道这样做是不是违法？

商标是可以转让的，转让注册商标的，转让人和受让人应当签订转让协议，并共同向商标局提出申请。转让注册商标经核准后，予以公告。受让人自公告之日起享有商标专用权。

商标权作为知识产权的一种，还可以作价投资入股。既可以将商标权人拥有的商标转让给公司，转让费作为对公司的投资；也可以不办理商标转让，而是签订商标许可使用合同，约定将商标在一定期限内许可给公司使用，以及注明许可的方式（独占、排他、普通使用许可），将本应收取的商标许可使用费作价入股。

【法律依据】《商标法》第 42—43 条

三、专利权

173. 个人发明如何得到保护？

某摩托车爱好者甲为自己的"犀牛"牌摩托车设计了一款独特的外观，并通过多种渠道将自己的摩托车按照该外观设计进行改装。摩托车改装完成后，甲多次参加摩托车爱好者交流会与各种摩托车外观设计比赛。在一次摩托车外观设计比赛中，"犀牛"牌摩托车的生产商发现甲的摩托车外观设计既符合物理规律，能够提升摩托车的性能，又与现代人的审美观相契合，兼具了美观性和实用性。于是开始大量生产并销售与甲的设计基本相同的"犀牛"牌 977 型摩托。甲发现后要求生产商立即停止侵权行为并赔偿经济损失。

专利分为发明、实用新型和外观设计三种类型。外观设计是指对产品的整体或者局部的形状、图案或其结合以及色彩与形状、图案的结合所作出的富有美感并适于工业应用的新设计。

甲为自己的摩托车设计的外观符合外观设计的专利申请条件，但是其并没有进行专利申请，并且还主动使用这款外观设计进行公开交流和比赛，因其主动公开其设计的行为，才使得"犀牛"牌摩托车生产商获得了这款外观设计，该摩托车生产商将其用于新款摩托车的行为不构成侵权。因此，外观设计的设计者在符合条件时应当及时申请专利，在依法获得专利保护之前，不要随意公开自己的设计。

【法律依据】《专利法》第2条

174. 出售专利后还有使用权吗？

程序员甲就职于乙公司，甲利用业余时间设计了一款实用软件用于文件筛选和搜索。乙公司得知后，对这款软件进行了测评和考察，决定将其设计为一款产品进行发布并在公司内网中由公司员工免费使用这款软件。于是，乙公司与程序员甲进行协商，约定以20万元价格收购该软件专利的申请权。之后，乙公司就该软件申请了专利并以500元/月的使用费向市场发售。该软件进入市场后广受好评，乙公司因此获得较好的经济收益。该软件发售一年后，乙公司偶然发现程序员甲仍然在免费使用这款软件，甲有权免费使用该软件吗？

专利申请权或者专利权可以依法转让，虽然软件是由员工甲独自设计的，甲是该专利的发明人，但是甲没有申请专利，而是以20万元的价格将专利申请权出售给乙公司，由乙公司申请了专利并被授予专利权。

专利权被授予后，任何单位或者个人未经专利权人许可，都不得实施其专利，但下列情形除外：（1）专利产品或者依照专利方法直接获得的产品，由专利权人或者经其许可的单位、个人售出后，使用、许诺销售、销售、进口该产品的；（2）在专利申请日前已经制造相同产品、使用相同方法或者已经作好制造、使用的必要准备，并且仅在原有范围内继续制造、使用的；（3）临时通过中国领陆、领水、领空的外国运输工具，依照其所属国同中国签订的协议或者共同参加的国际条约，或者依照互惠原则，为运输工具自身需要而在其装置和设备中使用有关专利的；（4）专为科学研究和实验而使用有关专利的；（5）为提供行政审批所需要的信息，制造、使用、进口专利药品或者专利医疗器械的，以及专门为其制造、进口专利药品或者专利医疗器械的。

甲已经将专利申请权转让给乙公司，甲能否继续免费使用该软件，要看他们之间签订的转让合同对此是否有明确约定以及是否具有上述例外情形，否则甲无权继续使用。但在该案中，甲同时是乙公司的员工，其仍可以员工身份在乙公司的内网中继续免费使用该软件。

【法律依据】《专利法》第 11 条、第 75 条

175. 发表论文后是否会导致专利申请障碍？

甲是乙大学的教授，具有较强的专业知识和科研能力，长期从事自动化农用机械的研究。经过甲孜孜不倦地研究和实验，终于设计完成了一种自动化多功能耕作机，保守估计可以将现有粮食的亩产量提高 50%。这项研究完成后，甲立刻在国内外知名杂志发表了相关论文，详细地介绍了这项发明中的技术应用、使用方法，等等。由于这项发明的制造成本低、耕种效果好，在世界范围的相关领域内引起了较大反响。教授甲本人在世界各国进行了技术介绍和参加了技术交流会议。之后，教授甲希望在国内就其发明进行专利申请却被拒绝，为什么会这样呢？

授予专利权的发明，应当具备新颖性、创造性和实用性。新颖性是指该发明不属于现有技术，即不属于申请日以前在国内外为公众所知的技术；也没有任何单位或者个人就同样的发明在申请日以前向国务院专利行政部门提出过申请，并记载在申请日以后公布的专利申请文件或者公告的专利文件中。

由于教授甲通过发表论文、进行公开讲解和参加国际交流会议等方式，导致其发明的技术已经广为流传，多个国家已经取得该技术并投入应用，已经不具备专利权所应当具备的新颖性，不能再申请专利了。

【法律依据】《专利法》第 22 条

176. 员工的发明专利权是否属于用人单位？

乙公司长期从事小型电子产品的研发和制造，其员工甲就职于乙公司并进行新产品的市场前景分析工作。由于上班路途较远，甲上下班使用的电动自行车电量常常不足以往返乙公司和甲的住所。于是甲利用下班时间进行研究，发明了一种便携的可以解决电动自行车电量不足问题的电子产品。乙公司得知此事后，以工作需要为由向甲索要到了该产品的研发图纸并以此申请获得了该产品的专利权。甲得知此事后以乙公司侵犯其专利权为由向法院提起诉讼，要求法院确认该专利权归甲所有并要求乙公司赔偿其经济损失。

发明创造分为职务发明创造和非职务发明创造。执行本单位的任务或者主要是利用本单位的物质技术条件所完成的发明创造为职务发明创造，包括在本职工作中作出的发明创造；履行本单位交付的本职工作之外的任务所作出的发明创造；退休、调离原单位后或者劳动、人事关系终止后 1 年内作出的，与其在原单位承担的本职工作或原单位分配的任务有关的发明创造。职务发明创造申请专利的权利属于该单位；申请被批准后，该单位为专利权人。该单位可以依法处置其职务发明创造申请专利的权利和专利权。

职务发明创造以外的发明创造为非职务发明创造，申请专利的权利属于发明人或者设计人；申请被批准后，该发明人或者设计人为专利权人。

虽然甲是乙公司的员工，但诉争专利权的产品是其利用工作之外的个人时间研发并生产的。甲的发明既没有利用单位的物资技术条件，也不是公司下达的工作任务。因此该产品的专利权并不能归属于乙公司所有，而应该由其发明人甲享有专利申请权。

【法律依据】《专利法》第 6 条

177. 将专利用在不同产品上是否构成侵权？

甲公司从事电脑的研发设计和生产，在一款新型电脑上，甲公司使用了一种最新的外观设计，并为其申请了外观设计专利。之后，甲公司又将该外观设计专利用于与该型号电脑配套的电脑包上。乙公司从事保温水瓶生产，注意到这种新型的外观设计十分新颖，于是将其使用在其生产的保温水瓶上。甲公司发现后，以乙公司侵犯其外观设计专利权为由向法院提起诉讼，要求法院判令被告乙公司立即停止侵权行为，并赔偿损失。

专利权是一种无形财产权，由法律明确规定专利权的保护范围，划清专利侵权与非侵权的界限，既有利于依法充分保护专利权人的合法权益，又可以避免不适当地扩大专利保护的范围，损害专利权人以外的社会公众的利益。

外观设计专利权的保护范围以表示在图片或者照片中的该产品的外观设计为准，简要说明可以用于解释图片或者照片所表示的该产品的外观设计。在与外观设计专利产品相同或者相近种类产品上，采用与授权外观设计相同或者近似的外观设计的，应当认定侵权设计落入外观设计专利权的保护范围。

产品种类是否相同或者相近，应根据外观设计产品的用途确定。产品用途的确定，可以参考外观设计的简要说明、国际外观设计分类表、产品的功能以及产品销售、实际使用的情况等因素。

甲公司合法取得电脑及电脑包的外观设计专利权，但是其申请的保护范围是将该外观设计用在电子类产品上。乙公司将该外观设计用于保温水瓶上，两种产品不属于相同或者相近产品，因此，乙公司并不侵犯甲公司的外观设计专利权。

【法律依据】《专利法》第 64 条

178. 专利权的保护期有多长？

发明专利权的期限为 20 年，实用新型专利权的期限为 10 年，外观设计专利权的期限为 15 年，均以提交专利的申请日开始计算。

如 A 申请了一项发明专利，申请日为 2018 年 6 月 22 日，授权日为 2019 年 5 月 10 日，则该发明专利的保护期限为 2018 年 6 月 22 日至 2038 年 6 月 22 日。

B 申请了一项实用新型专利，申请日为 2018 年 6 月 22 日，授权日为2019年5月10日，则该实用新型专利的保护期限为2018年6月22日至2028年6月22日。

虽然专利有一定的保护期，但如果专利权人在保护期内没有按照规定缴纳年费（专利维持费），或者以书面声明放弃其专利权的，专利权在保护期限届满前就会终止。

【法律依据】《专利法》第42条

179. 合作或委托完成的发明创造的专利权归谁所有？

A公司和甲以合作方式共同开发了一套新的实用新型，但在进行专利申请时，双方对这项专利到底该归谁所有产生争议。

A公司委托乙进行一项发明，由乙单独完成创造，但在进行专利申请时，双方对这项专利到底该归谁所有产生争议。

两个以上单位或者个人合作完成的发明创造、一个单位或者个人接受其他单位或者个人委托所完成的发明创造，除另有协议的以外，申请专利的权利属于完成或者共同完成的单位或者个人；申请被批准后，申请的单位或者个人为专利权人。

在合作项目中，如果A公司和甲、乙均没有对权利归属作出约定的话，则申请专利的权利属于双方共同所有；在委托项目中，属于乙所有。因此，为了更好地维护各方的利益，在合作及委托项目中，各方应根据具体情况尽量通过事先的协议确定权利归属。

【法律依据】《专利法》第8条

四、商业秘密

180. 商业秘密也受保护吗？

甲是A公司的员工，A公司经常向员工强调要保护公司的商业秘密，甲不知道什么是商业秘密，商业秘密受到法律保护吗？

商业秘密是指不为公众所知悉，具有商业价值并经权利人采取保密措施的技术信息和经营信息等商业信息。商业秘密和其他知识产权（专利权、商标权、著作权等）相比，有着以下特点：（1）非公开性。商业秘密的前提是不为公众所知悉，该信息不能从公开渠道直接获取，仍然处于一种秘密状态。（2）非排他性。商业秘密的专有性不是绝对的，不具有排他性，如果其他人以合法方式取得了同一内容的商业秘密，他们就和第一个人有着同样的地位。（3）价值性。该秘密信息可以给权利人带来现实的或者潜在的经济利益或者竞争优势。（4）采取保密措施。商业秘密的所有人采取了合理的保密措施，包括订立保密协议、设定密级、采取技术保密措施等。

技术信息，是指与技术有关的结构、原料、组分、配方、材料、样品、样式、植物新品种繁殖材料、工艺、方法或其步骤、算法、数据、计算机程序及其有关文档等信息。

经营信息，是指与经营活动有关的创意、管理、销售、财务、计划、样本、招投标材料、客户信息、数据等信息。

商业秘密受到法律保护。

【法律依据】《反不正当竞争法》第9条；《商业秘密规定》第2条；《审理商业秘密案件规定》第1条

181. 商业秘密和专利权的区别是什么？

甲在A公司工作，他发现A公司既有商业秘密，也有专利，但他不明白A公司为什么不对商业秘密申请专利。

对商业秘密不申请专利，有以下几种可能。

（1）商业秘密的内容不符合申请专利所需的条件，只能作为商业秘密进行保护，这可能是客户名单、商业方法、商业模式、拓扑图等。

（2）持有人希望永久保护。专利权有保护时间的限制，而商业秘密没有时间限制，只要商业秘密不向公众泄露，对其的保护就是无限期的。商业秘密的持有人为了永久保护商业秘密而不申请专利。

（3）持有人希望不公开。申请专利时应当提交请求书、说明书及其摘要和权利要求书等文件。说明书应当对发明或者实用新型作出清楚、完整的说明，以所属技术领域的技术人员能够实现为准；必要的时候，应当有附图。摘要应当简要说明发明或者实用新型的技术要点。权利要求书应当以说明书为依据，清楚、简要地限定要求专利保护的范围。因此，申请专利相当于"公开换保护"，因而有些权利人不希望自己的商业秘密通过公开的方式为他人所知悉。

182. 单位与职工签订保密协议需要支付对价吗？

A公司要求每个员工都签订保密协议，要求在职期间不得泄露公司的商业秘密，并要求员工离职后3年内不从事类似行业，但没有任何补偿，A公司这样做合理吗？

一般而言，保护企业商业秘密是员工的一项义务，但前提是企业需要按照规定，与劳动者在劳动合同或其他协议中约定保密条款。商业秘密是企业的重要无形资产，员工将自己在劳动过程中所掌握的企业的商业秘密用于自身，披露给保密范围以外的人，在保密范围以外使用，或者允许保密范围以外的人使用等行为，均构成对企业商业秘密的侵害。企业和员工约定保守商业秘密的义务，并不需要向员工支付对价。但是如果企业对员工离职之后仍作出竞业禁止约定的，则需要支付相应的补偿。

183. 员工跳槽是否会侵犯原公司的商业秘密？

高级工程师甲长期受聘于乙公司从事机械设计的工作，掌握乙公司多项重要商业秘密，甲与乙公司的劳动合同中明确约定了若是甲以辞职、被解雇等方式离开乙公司，在3年内需要遵守竞业限制的义务。之后，从事同类业务的丙公司以高薪、高职、高福利等手段吸引了甲从乙公司跳槽并入职丙公司。于是，乙公司以丙公司、甲侵犯其商业秘密为由向法院提起诉讼，要求法院判令被告立即停止侵权行为并赔偿其经济损失。

侵犯商业秘密行为包括：（1）以盗窃、利诱、胁迫或者其他不正当手段获取权利人的商业秘密；（2）披露、使用或者允许他人使用以前项手段获取的权利人的商业秘密；（3）根据法律和合同，有义务保守商业秘密的人（包括与权利人有业务关系的单位、个人，在权利人单位就职的职工）披露、使用或者允许他人使用其所掌握的商业秘密等。第三人明知或者应知商业秘密权利人的员工、前员工或者其他单位、个人实施上述违法行为，仍获取、披露、使用或者允许他人使用该商业秘密的，视为侵犯商业秘密。

竞业限制是指用人单位与高级管理人员、高级技术人员及其他负有保密义务的劳动者约定，要求劳动者离职后在一定范围、地域、期限内，不得到与本单位生产或者经营同类产品、从事同类业务的有竞争关系的其他用人单位进行就业，也不得自己开业生产或经营同类产品、从事同类业务，并由用人单位在竞业限制期限内按月给予劳动者经济补偿。

乙公司与甲签订竞业限制的目的就是保护公司的商业秘密等不被侵犯，现甲跳槽到丙公司从事同类业务，乙可以根据竞业限制的约定要求甲承担相应的赔偿责任。如果丙公司明知或者应知甲实施了侵犯乙公司商业秘密的行为，仍获取、披露、使用或者允许他人使用该商业秘密的，也是侵犯商业秘密的行为，乙公司有权要求其停止侵权并赔偿相应的损失。

【法律依据】《审理商业秘密案件规定》第3条

184. 离职员工将原单位的客户名单带到新单位有什么后果？

小张从A公司离职后，拿着A公司的客户名单，到B公司上班，并且以A公司的客户名单继续为B公司工作。小张知道A公司有保密规定，但他并不知道客户名单也属于要保密的范围，而且他还觉得就算违反保密规定也没什么大不了的，小张的行为有什么后果呢？

客户名单对特定企业来说属于商业秘密的范围。出于保护商业秘密权利人利益的考虑，在商业秘密侵权纠纷中实行过错推定原则，即如果员工有接触商业秘密的条件，且其使用的信息与原用人单位的商业秘密相同或者类似，除非该员工能够举证证明其信息具有合法来源，否则认定其实施了商业秘密侵权行为。但是，如果客户是基于对职工个人的信赖而与职工所在单位进行市场交易,该职工离职后,能够证明客户自愿选择与自己或者其新单位进行市场交易的,应当认定职工没有侵犯原单位的商业秘密。

实施侵犯商业秘密的行为,按照不同情形,将依法承担以下责任:(1)民事责任,如赔偿商业秘密权利人的经济损失;(2)行政责任,如经营者侵犯商业秘密的,由监督检查部门责令停止违法行为,没收违法所得,处10万元以上100万元以下的罚款;情节严重的,处50万元以上500万元以下的罚款。(3)刑事责任,侵犯商业秘密,给权利人造成重大损失的,处3年以下有期徒刑或者拘役,并处或者单处罚金;造成特别严重后果的,处3年以上7年以下有期徒刑,并处罚金。

【法律依据】《反不正当竞争法》第9条、第21—26条;《刑法》第219条

第七章

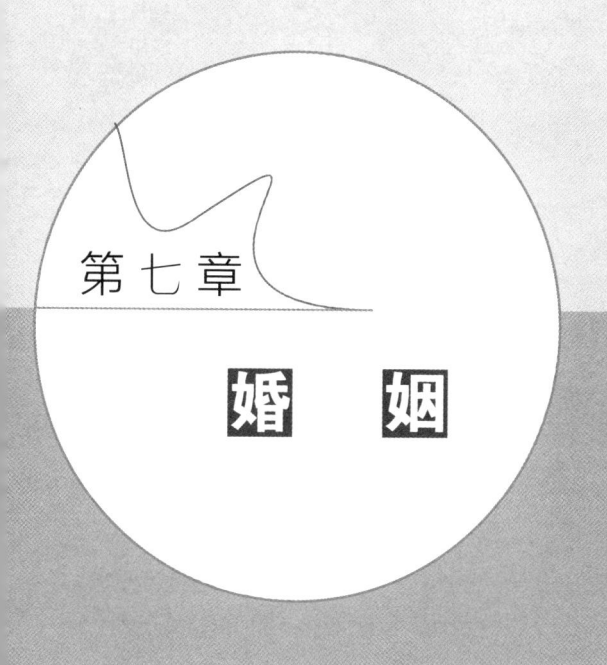

婚　姻

　　婚姻是组成家庭的基础和依据，是自然人精神与物质的结合，是自由平等、相互信任和共同付出的契约。

一、结婚

(一) 婚前财产安排

185. 男女朋友互赠的财物可以要求返还吗?

张先生和杨小姐经人介绍相识,确定恋爱关系后,张先生购买了一枚1万元的钻戒、一块2.5万元的手表、一条3000元的项链给杨小姐作为定情信物。因两人是奔着结婚的目的去的,为讨好未来丈母娘,在杨小姐的母亲生日的时候,张先生买了一只8000元的金手镯送给杨小姐的母亲。杨小姐还以婚后需要用车为由,向张先生索要10万元现金用于买车。后来,双方因举行中式还是西式婚礼、婚后是否要孩子等问题产生矛盾,并逐渐升级为激烈争吵。在一次争吵中,杨小姐提出分手,张先生随即向警方报案称杨小姐诈骗。公安机关接到报案后到场了解情况,认为双方之间属于民事纠纷,最终不予立案。

此后,张先生将杨小姐告上法庭,主张其以结婚为目的送给杨小姐财物,但结婚目的落空,要求杨小姐返还其赠送的财物。

法院认为,张先生承认为杨小姐购置钻戒、手表和项链系作为二人的定情信物,故其以结婚期望落空为由,要求杨小姐返还上述物品对应的价款,缺乏事实依据。双方认可张先生之所以给杨小姐购车款10万元,是因为双方婚后需要用车,故张先生是基于结婚目的给付上述款项,但由于双方实际并未结婚,张先生期望落空,故杨小姐应当返还。手镯是张先生直接给予杨小姐母亲的,故张先生以结婚目的落空为由要求杨小姐返还该饰品对应的价款,缺乏事实依据。最终,法院仅判决杨小姐返还张先生购车款10万元,驳回张先生的其他诉讼请求。

男女朋友互赠的礼物是否需要返还,应结合赠与目的通过财物的属性来确定。

若该财物是属于以结婚为目的的彩礼,但双方未办理结婚登记手续,或者办理结婚登记手续但确未共同生活,或者婚前给付并导致给付人生活困难的,可以请求返还。

若该财物是属于赠与合同的标的物,赠与的是车、房,在办理过户登记手续之前可以撤销赠与;办理过户登记手续后,想撤销赠与则比较困难。赠与的是其他不需要登记的物品,在交付给对方后就不能随意撤销。

若该财物是属于一般民间交往的情谊行为,如男女朋友之间请客吃饭,或是互赠小礼物,则无须返还。

【法律依据】《婚姻家庭编解释(一)》第 5 条

186. 父母给婚前子女的财物是"借"还是"赠"?

子女刚参加工作,面临高房价、高消费等压力,有条件的父母给予子女一定的资助在现实中很常见。尤其是在买房的问题上,父母总是扮演着无私奉献的角色,很多父母把一辈子的积蓄都花在了孩子买房上。那么,父母在子女结婚前给予子女的财物,是赠与还是借贷呢?

广州市番禺区的一对夫妻和儿子就因一套房子闹上了法庭。原来,在 2015 年的时候,陈某夫妇陆续给儿子转账共计 210 万元用于买房,小陈用其中的 150 万元付了首付款,买下了广州市番禺区一套房屋,并用剩下的钱还房贷,房屋登记为小陈单独所有。2016 年,小陈与女友结婚,婚后当月就卖掉了这套房产。陈某夫妇认为,房子首付款和贷款都是他们出的,交房后也是他们出资、出力装修,还在这套房屋可以入住后居住至今,现在小陈卖了房子,不仅使他们无处居住,还损害他们的权益。小陈则认为,房子是父母赠与他的,出售房屋是对其个人权利的处分,并没有损害父母的利益。

法院经审理后认为,210 万元的一笔巨款,在父母没有明确表示为赠与的情况下，应视为以帮助为目的的临时性资金出借，小陈应负有偿还义务。至于父母予以资助之后，是否要求其偿还，系父母行使权利范畴，与债权本身的客观存在无关。房屋购买之时小陈已27岁，早已成年，且其确认当时有工作收入；而陈某夫妻二人已近退休年龄，在他们出资210万元之时未有明确表示出资系赠与的情况下，基于父母应负养育义务的时限，应予认定该出资款为对儿子小陈的临时性资金出借，目的在于帮助其度过经济困窘期，小陈理应负担偿还义务。

虽然现实中很多父母会给予子女一定的资助，但子女不能将父母的资助视为理所当然的赠与。

187. 父母如何通过买保险给女儿作为新型嫁妆？

王老五的女儿要出嫁了，王老五夫妇喜中带愁，买个车给女儿吧，担心女婿给开走了；买个房子给女儿吧，担心傻女儿加了女婿的名字，没准还抵押贷款了；给女儿一个存折吧，又担心女婿几句甜言蜜语就拿走了。思来想去，王老五夫妇决定给女儿买一份保险作为嫁妆，王老五是如何操作的呢？

首先，王老五在女儿结婚登记前，投保一份带有储蓄性质的年金保险，王老五作为投保人和身故受益人，女儿作为被保险人。因赠与合同中确定只归夫或妻一方的财产，属于个人财产。王老五为女儿购买的年金保险，保费由其缴纳，其明确表示是对女儿个人的赠与，则该份保险属于女儿的个人财产。

其次，王老五为女儿购买了纯保障型的意外保险、医疗保险、重疾保险，女儿为被保险人和受益人，保费均由王老五缴纳。因夫妻一方作为被保险人依据意外伤害保险合同、健康保险合同获得的具有人身性质的保险金，一般也属于个人财产。因此，一旦女儿发生保险事故，获得的保险金也属于女儿的个人财产。

王老五通过购买保险的形式为女儿送出一套新型嫁妆，给女儿一份更为全面的保障。

188. 一方婚前出售个人房产所得款项是个人财产吗？

小李的父母在小李毕业时为他买了一套房子，工作一段时间后小李要结婚了，为了不再向父母伸手，小李以 100 万元的价格卖掉了这套房子，拿了 10 万元给女方作为聘金，30 万元投资了一家店面，和女友共同做起了小买卖，剩下的 60 万元存银行。

登记结婚后，小李夫妻两人共同生活了 7 年，后来因家庭琐事频繁发生争吵，最终导致离婚，但妻子主张共同经营的店面价值 40 万元和小李名下的银行存款 70 万元都是夫妻共同财产，其有权分得一半。小李认为，店面是其婚前个人财产投资的，银行存款大部分也是婚前卖房所得，妻子无权分得一半。那么，小李的妻子究竟是否有权分得一半呢？

首先，小李卖房所得的 100 万元，属于小李的个人财产，不会因夫妻关系的存续而转化为夫妻共同财产。

其次，夫妻一方个人财产在婚后产生的收益，除孳息和自然增值外，应认定为夫妻共同财产。店面虽然是用小李的个人财产投资的，但在婚后由夫妻双方共同经营，店面的现有价值 40 万元中，包括共同经营所得的部分，并非全部都是小李个人财产的孳息和自然增值，因此 40 万元中有一部分属于夫妻共同财产。

最后，小李名下的银行存款 70 万元，虽然小李主张大部分是其婚前卖房所得，但从银行流水看来，当初存入的 60 万元，已经被小李陆续转出了 30 万元，剩下的 30 万元一直存在卡里没有用过，最终的 70 万元中有 40 万元是婚后陆续存入累积得来的。因此，小李的银行存款 70 万元中，婚后所得 40 万元属于夫妻共同财产，妻子有权分得一半。

189. 如何签订婚前财产协议？

微博热搜榜曾有一篇名为《谈婚论嫁时偷偷按揭买房》的文章引发热议，文章说的小玉打算和男友结婚，由双方一起凑首付买房，但男友却偷偷按揭买了套房，首付是男友借的，房屋登记在男友个人名下，男友的家人要求小玉出装修费用。乍一看，小玉的男友似乎挺有担当，为小玉减轻了负担，但实际情况是否也是这么美好呢？

小玉咨询了她的律师朋友，朋友告诉她：房子是男友婚前购买的，属于男友的个人财产。若离婚，房子属于男方。如果小玉婚后和男友共同还贷，男友应给小玉补偿，补偿的金额为：（婚后共同还贷＋该部分的增值）/2。虽然装修费用是小玉出的，但离婚时不可能把装修部分拆下来。而且男友的首付款是借的，婚后还要小玉共同偿还。男友用少部分资产获得整个房屋的产权；小玉出了装修费用，和男友共同还贷，但无法获得房屋产权。

小玉听后，觉得这样不妥，于是和男友商量，房子的首付款她也出一半，婚后两人共同还贷，但产权证要写明产权各占50%。男友一听怒了，最终，两人不欢而散。

有什么办法可以解决这个问题吗？当然有：婚前财产协议！

男女双方可以在婚前签订财产协议，明确双方各自的婚前财产具体有哪些，并确认这些财产属于个人财产；也可以将一方的婚前财产约定为共同共有，还可以按出资比例约定为按份共有。如果还不放心，男女双方可以到公证处办理婚前财产协议的公证，办理了公证之后，即使将来对方反悔，也必须按照公证书的内容履行。

特别要注意的是，如果约定一方名下的房屋、汽车等财产为共同共有或者按份共有的，一定要及时前往登记部门办理变更登记手续。

（二）婚姻效力

190. 举行了婚礼还需要办理结婚登记吗？

故事一：一位年方二八的小姑娘经人介绍与一位男子相识，两人一见钟情，很快就定亲了，定亲时男子给了姑娘家见面礼8万元现金和价值2万元的黄金首饰。男子对这位姑娘一往情深，希望尽快结婚，并托媒人再次将10万元现金交给姑娘以表爱意。姑娘收了礼金，自然笑呵呵地同意办婚礼，婚礼当天又收了男子的 2 万元现金。但因姑娘未到法定结婚年龄，双方没有办理登记手续。后来姑娘与一位才华横溢的大叔相识，竟不辞而别。男子是既生气又懊悔，果断向法院起诉，要求姑娘返还其彩礼共计 22 万元。

故事二：一对夫妻相识于 1990 年，丈夫简单举办了婚礼就出门闯荡，白手起家，创办公司，终于成了成功人士。2010 年的时候，妻子已经 40 岁了，常年操劳下，岁月的痕迹写满她的脸颊。而丈夫却在觥筹交错间，被一位年轻貌美的女士吸引，丈夫心想，双方并未办理结婚登记手续，直接将妻子扫地出门即可。

我国法律采取的是登记结婚制，只有办理具有法律效力的结婚登记后，才能认定为双方具有法定夫妻关系。结婚证是证明婚姻关系有效成立的法律文书。

在故事一中，尽管双方已经按照当地风俗举行了婚礼并同居生活，但双方的婚姻关系并未成立。男子按习俗给付彩礼，是以成就婚姻关系为条件的，在婚约解除时，接受彩礼方理应返还。

在故事二中，虽然夫妇没有办理结婚登记，在双方在 1994 年 2 月 1 日《婚姻登记管理条例》公布实施以前就已经符合结婚的实质要件，构成事实婚姻，受到法律的保护。如果丈夫想重组家庭，也需要通过诉讼或协议与妻子离婚，否则，丈夫如果与其他人以夫妻名义共同生活，可能构成重婚罪。

【法律依据】《婚姻家庭编解释（一）》第 2 条、第 5 条

191. 表兄妹能结婚吗？

靖哥哥和小龙女相爱了，可是靖哥哥的曾外公是小龙女的曾爷爷，他们是表兄妹，他们担心"血脉"关系不允许他们结婚。那么，法律上他们能否结婚呢？

法律规定，直系血亲和三代以内的旁系血亲禁止结婚！

直系血亲，指与自己有直接血缘关系的亲属，即生育自己和自己生育的上下各代亲属。

旁系血亲，指与自己有间接血缘关系的亲属，即除直系血亲以

第七章 婚姻

外，在血缘上与自己出于同源的亲属。三代以内旁系血亲，指从自己算起往上数三代的血亲。靖哥哥和小龙女属于旁系血亲。

旁系血亲的推算：从两个旁系亲属分别往上数至双方同源血亲，其本身为一代，如果两边数目相等，则任何一边的数目即为他们的代数；如果两边数目不相等，则以大的数目为其代数。

靖哥哥和小龙女理了很久，终于算清楚他们属于四代旁系血亲，靖哥哥开心地到小龙女家提亲去了。

【法律依据】《民法典》第 1048 条

192. 夫妻一方患病，另一方能否主张婚姻无效？

A 与 B 办理结婚登记后，按计划举办婚礼，但在婚礼上，A 忽然精神病发作，美好的婚礼现场被弄得不欢而散。随后，B 了解到 A 患有间歇性精神病，目前还在治疗，需要依赖药物控制。A 在婚礼现场发病后长期住院接受治疗。B 认为，A 故意隐瞒自己的精神病史和其结婚，且久治不愈，故起诉至法院，要求判决双方的婚姻关系无效。

我国《民法典》规定，一方患有重大疾病，应当在结婚登记前如实告知另一方；不如实告知的，另一方可以向人民法院请求撤销婚姻。因此，A 可以请求法院撤销婚姻，而不是主张婚姻无效。

请求撤销婚姻，有除斥期间的限制，即应当在知道或应当知道对方患病之日起 1 年内向法院提出。超过 1 年，不得再提出撤销婚姻的请求。

友情提示：虽然法律没有规定要强制婚检，但婚前体检和孕前检查，既是对自己和对方负责，也是对将来出生的孩子负责。

【法律依据】《民法典》第 1053 条

193. 有配偶者与他人以夫妻名义共同生活是否构成重婚罪？

李先生与王女士于 2010 年登记结婚，双方一直没有感情，2012 年，李先生到外省工作后便没有回过家。

2014年，李先生认识了刘女士，并在刘女士家中按民俗摆设婚宴。李先生和刘女士都认为，李先生和王女士长期分居，婚姻关系就这样解除了。于是两人以夫妻名义共同生活，并于2016年生育了一子。

2018年，王女士发现李先生与刘女士已经结婚生子，精神上十分痛苦，遂以重婚罪为由向法院起诉李先生与刘女士。法院经审理认定，李先生与刘女士二人构成重婚罪，依法判处李先生有期徒刑八个月，判处刘女士有期徒刑8个月，缓刑1年。

我国实行婚姻自由、一夫一妻、男女平等的婚姻制度。违反一夫一妻制度的，可能会构成重婚。重婚不仅会导致婚姻无效，还可能涉嫌犯罪。我国《刑法》规定，有配偶而重婚的，或者明知他人有配偶而与之结婚的，构成重婚罪，处2年以下有期徒刑或者拘役。

那么，什么样的情形会构成重婚呢？现实生活中，不少人与他人婚外同居时，既不去登记结婚，也不以夫妻名义同居生活，这种情况是否构成重婚呢？

有配偶者与他人登记结婚或者虽然没有登记结婚但以夫妻名义共同生活的，都可能构成重婚。重婚罪不仅针对有配偶一方，如果明知他人有配偶还与他人登记结婚或以夫妻名义共同生活的，也会构成重婚罪。这也是为何李先生与刘女士会双双获刑的原因。

有配偶者与他人不以夫妻名义同居生活的，不构成重婚，但属于《民法典》明确禁止的行为，是离婚的法定理由，无过错的一方还有权要求离婚损害赔偿。

【法律依据】《刑法》第258条；《民法典》第1051条、第1091条

（三）夫妻财产

194. 夫妻个人财产和夫妻共同财产分别有哪些？

下列财产为夫妻一方的个人财产：

（1）一方的婚前财产；

（2）一方因受到人身损害获得的赔偿或者补偿；

（3）遗嘱或者赠与合同中确定只归一方的财产；

（4）一方专用的生活用品；

（5）其他应当归一方的财产。

夫妻个人财产不会因婚姻关系的延续而转化为夫妻共同财产。当然，双方同意将个人财产变更为夫妻共有或者直接送给另一方的除外。

夫妻在婚姻关系存续期间所得的下列财产，归夫妻共同所有。

（1）工资、奖金、劳务报酬。均为劳动所得，指夫或妻一方或者双方从事一切劳动包括脑力劳动、体力劳动所获得的工资报酬和奖金报酬等。

（2）生产、经营、投资的收益。在夫妻关系存续期间，夫妻一方或双方从事生产、经营、投资的收益。

（3）知识产权的收益。在夫妻关系存续期间，夫妻一方或双方拥有的知识产权的收益。

（4）继承或受赠所得的财产。在夫妻关系存续期间一方或双方因继承遗产和接受赠与所得的财产，但遗嘱或赠与合同中确定只规夫或妻一方的财产除外明。

（5）其他应当归属共同所有的财产。如一方以个人财产投资取得的收益，双方实际取得或者应当取得的住房补贴、住房公积金、基本养老金、破产安置补偿费。夫妻一方个人财产在婚后产生的收益，除孳息和自然增值外，应认定为夫妻共同财产。

夫妻一方是军人的，其伤亡保险金、伤残补助金、医药生活补助费属于个人财产，发放到军人名下的复员费、自主择业费等一次性费用的，以夫妻婚姻关系存续年限乘以年平均值，所得数额为夫妻共同财产。

对于夫妻共同所有的财产，夫妻双方都有平等的处理权。

【法律依据】《民法典》第1062条、第1063条

195. 婚前买的房，婚后出租，租金是个人财产吗？

夫妻一方的个人财产在婚后产生的收益，除孳息和自然增值外，

应认定为夫妻共同财产。

虽然房屋租金是依据租赁合同收取的法定孳息，应归租赁物的所有人所有。但是，租赁行为本身也是一种经营活动，也需要付出时间、精力和劳动。租金与单纯的银行存款利息不同，出租方对房屋还有维修等义务，租金的获取与房屋本身的管理状况密切相连，需要管理或投入一定的劳务，故通常将租金认定为经营性收益。尤其对那种夫妻一方依靠房租收益维持生计的情形，如果将一方所有的房屋婚后出租的租金收益认定为个人财产，而另一方的工资、奖金收入属于夫妻共同财产，结果显然是不公平的。

196. 夫妻一方发表小说的稿酬，是共同财产吗？

有一对作家夫妻，男方在婚前创作了一篇小说《孤家寡人》，女方在婚后也独立创作了一篇小说《两小无猜》。男方的作品《孤家寡人》在婚后成功发表了，但一直没收到稿费；女方的作品《两小无猜》投稿后一直没有收到发表的消息。

后来，这对作家夫妻离婚了，离婚的第三天，男方收到了《孤家寡人》的稿酬。女方在离婚后遇到一位新的知己，这位知己是位出版商，帮助女方成功出版了《两小无猜》，女方也获得一笔稿酬。现男女双方都认为对方的稿酬自己有权分得一半。

知识产权的收益，是指婚姻关系存续期间实际取得或已经明确可以取得的知识产权的财产性收益。《孤家寡人》的稿费虽然是在离婚后第三天才收到的，但该作品是男方在婚姻关系存续期间发表的，意味着明确可以取得财产性收益，所以属于夫妻共同财产。而《两小无猜》虽然是在婚姻关系存续期间创作的，但没有发表，无法确定是否能够获得财产收益，直至离婚后才发表，所以《两小无猜》的稿费归女方个人所有。

【法律依据】《婚姻家庭编解释（一）》第12条

197. 婚前买的房子都是个人财产吗？

婚前个人全款买的房，又登记在个人名下，则属于个人财产。

如果房子是婚前父母出资购买的，一般可以参照下表判断归属：

出资情况	产权登记情况	房屋归属
一方父母全额出资	出资方子女名下	登记方婚前个人财产
一方父母付首付款	出资方子女名下	夫妻共同还贷，房屋为登记方所有，共同还贷以及房屋增值部分属于夫妻共同财产
	另一方子女名下	夫妻共同财产，父母明确表示赠与给另一方或双方有其他约定的除外
	夫妻双方名下	夫妻共同财产
双方父母均出资	夫妻双方名下	按各自父母的出资份额按份共有，但另有约定的除外
	一方名下	按各自父母的出资份额按份共有，但另有约定的除外

【法律依据】《婚姻家庭编解释（一）》第29条、第31条

198. 婚后买的房子都是共同财产吗？

婚后购买的房屋，一般都属于夫妻共同财产。但以下情形例外：

（1）如果房屋是用一方婚前个人财产购买的，则仍属于一方的个人财产。

（2）双方签订夫妻财产协议明确约定为一方所有的。

（3）婚后父母出资的，一般可以参照下表确定归属：

出资情况	产权登记情况	房屋归属
一方父母全额出资	出资方子女名下	夫妻共同财产，另有约定的除外
	对方或双方名下	夫妻共同财产，另有约定的除外
一方父母付首付款，共同还贷	出资方名下	夫妻共同财产，离婚时可以考虑对父母出资一方予以适当多分
	对方或双方名下	夫妻共同财产，另有约定的除外

续表

出资情况	产权登记情况	房屋归属
双方父母均出资	夫妻双方名下	夫妻共同财产
	一方名下	按各自父母的出资份额按份共有，但另有约定的除外

【法律依据】《婚姻家庭编解释（一）》第29条、第31条

199. 夫妻可以约定AA制吗？

很多年轻人都喜欢AA制，下午茶AA，吃饭AA，唱歌看电影也AA。习惯了AA制之后，有人问：夫妻也可以约定AA制吗？

当然是可以的，夫妻完全可以签订书面的夫妻财产协议，对婚前财产以及婚姻关系存续期间所得的财产约定为各自所有，即实行AA制，也就是法律上所说的夫妻分别财产制。而且，夫妻如果约定AA制，且第三人知道该约定的，那么一方对另一方向该第三人的借款，是不需要承担责任的。

除了AA制以外，夫妻还可以约定财产为部分各自所有、部分共同所有，这是夫妻双方的权利。

200. 夫妻可以约定"若出轨，则净身出户"的忠诚协议吗？

某对夫妻，自由相识恋爱，女方看中男方老实本分，男方看中女方活泼机灵。男方婚前有套房，为了使女方安心及保障婚姻，双方书面约定：男方婚前的一套房屋，加女方的名字，并办理了加名手续。若今后女方出轨或与他人同居，或者擅自与男方分居，在男方没有出轨或与他人同居的情况下，如果女方提出离婚的，则女方自愿放弃该房屋，并且要净身出户。后来，双方发生矛盾，女方起诉离婚。

婚姻自由是法律赋予每一个公民的权利，既包括结婚自由，也包括离婚自由。所以"一方提离婚，则净身出户"的约定，因限制他人离婚自由，在司法实践中通常被认定为无效。

本案中，双方虽然有签订净身出户的协议，但限制女方离婚的权利，法院认定协议无效，虽然女方的名字已经加到了产权证上，但考虑到房屋来源于男方，故法院最终酌情认定男方享有85%，女方享有15%。

法律还规定，离婚协议中关于财产分割的条款或者当事人因离婚就财产分割达成的协议，对男女双方具有法律约束力。因此，"净身出户"的约定如果不存在欺诈、胁迫等情形，且双方自愿协议离婚的，属于有效约定。

【法律依据】《婚姻家庭编解释（一）》第69条

201. 约定一方婚前房产归夫妻共有，真的就是共有了吗？

虽然"净身出户"的忠诚协议可能是无效的，但夫妻双方可以对财产归属进行约定，如把一方婚前财产约定为另一方所有，也是可行的。

某男苦苦追求某女，某女虽对该男有些心动，但面对家庭的压力，正犹豫是否接受时，男方的老宅被拆迁并获得一套两居室的安置房。鉴于男方人品不错，女方家人见有了婚房，也就同意双方结婚。为了使女方安心，双方书面约定：这套安置房男方占50%，女方占50%，但之后双方没有办理加名手续，该书面赠与合同也没有办理公证。结婚后，双方产生矛盾，女方要求离婚并分割安置房的一半产权。

法院认定：该协议属于赠与性质。赠与是可以撤销的，除非动产已经交付给对方或者不动产（如房产）已经变更登记，但是经过公证的赠与合同是不能撤销的。本案中，男女双方签订协议后未进行产权变更登记，且未办理公证，故男方可以撤销赠与，女方无权要求按照协议分割该房屋。

【法律依据】《民法典》第657条、第658条

202. 丈夫答应婚后买的房产全归妻子，房子是妻子的吗？

某对夫妻结婚后，男主外，女方则在家当全职太太，双方的日

子过得和和美美。男方发愤图强,终于存够了钱,买了一套房,产权登记在双方名下。后来,男方事业越做越大,经常不回家,女方受到冷落,渐渐起了疑心。为使女方安心,双方书面约定,双方婚后买的房产登记在双方名下,现男方自愿将男方的份额转到女方名下,男方自愿放弃该房屋的所有权。但双方之后没有办理产权变更手续。

双方最终离婚,双方对房产归属问题产生争议并诉诸法院。法院认定:双方签订的婚内财产协议,是在双方夫妻关系和睦的前提下签订的,是双方婚后对共同财产的分配作出的约定,是双方真实意思表示。双方虽未办理产权变更手续,但不影响该协议的效力。

203. 夫妻财产协议怎么写?

有的夫妻财产协议是有效的,有的财产协议又是无效的,那么,夫妻财产协议该怎么写呢?

(1)夫妻财产协议应当是书面的,且双方应当签字。有条件的话,还可以到公证处办理公证。

(2)协议不能限制人身自由(即离婚的自由、分居的自由等),也不宜涉及道德层面的内容,如:"如果离婚,所有财产均归女方""如果分居,所有财产归女方""如果出轨,所有财产归女方"等。如果到法院诉讼离婚,有诸如此类内容的夫妻财产协议会被认定为无效,法院将依法重新分配共同财产。当然,确实是因为一方"出轨"导致感情破裂,法院判决离婚的,法院在财产分割上是会有利于非过错方的。

(3)婚内财产分配协议是对本来属于夫妻共同所有的财产调整双方份额比例或重新分配(即从"共同共有"变为"按份共有"或从"共同共有"变成"个人所有")。如果协议中涉及的是一方个人的财产,如男方婚前所有的某房屋归男女双方共有(或归女方所有),则该约定不属于财产分配而属于赠与。

204. 夫妻一方送给别人的财产，还能要回来吗？

某教授在与妻子的婚姻关系存续期间，出资给婚外异性女友买一套房子，在感情破裂后，某教授起诉要求女友退还购房款，但女友以某教授是自愿赠与并办理了产权登记为由抗辩，某教授败诉。

某教授与妻子已经离婚了，但他的前妻以擅自处置夫妻共同财产为由，起诉某教授和其女友，要求女友返还购房款。某教授的前妻胜诉。某教授也要回了购房款。

虽然某教授与前女友和前妻之间交织着法律和爱情的故事令人唏嘘，但我们应当关注的重点是：夫妻一方在婚姻关系存续期间擅自将夫妻共同财产送给别人，是可以要回来的！

首先，夫妻一方有婚外情，违反了夫妻忠诚义务。

其次，在婚姻关系存续期间，夫妻双方对共同财产共同享有所有权，夫或妻非因日常生活需要处分夫妻共同财产时，应当协商一致，任何一方无权单独处分夫妻共同财产；如果夫妻一方超出日常生活需要擅自将共同财产赠与他人，这种赠与行为应认定为无效；夫妻中的另一方以侵犯共有财产权为由请求返还的，人民法院应予支持。

但是，我们也注意到：

（1）某教授和前妻拿回的只能是购房款，而不是房子，因为某教授赠与的是购房款，而不是其名下的房产；

（2）要回的购房款属于夫妻共同财产（婚姻关系存续期间），某教授和前妻应当均分（除非双方约定拥有共同财产的份额）。

205. 夫妻一方偷偷把房子卖了，怎么办？

在某教授的案件中，假设某教授瞒着妻子把其名下夫妻共有的房子以1元的象征性价格卖给女友，那么其前妻可以怎么维权呢？

因日常生活需要而处分共同财产的，任何一方均有权决定；非因日常生活需要处分共同财产的,夫妻双方应当平等协商,取得一致意见。因出售房屋一般属于重大事项,应由夫妻双方共同决定。如果一方擅自出售夫妻共有的房屋,按以下情形分别处理。

(1) 如果房屋登记在一方名下,一方擅自出售且第三人是善意购买、支付合理对价并办理产权登记手续,另一方无权追回该房屋。

(2) 如果房屋登记在双方名下,其中一方擅自出售,不知情一方可以要回房屋。但是,如果买方能够举证证明其"有理由相信其为夫妻双方共同意思表示"的,无论是否办理产权变更登记,都无权要回房屋。

在上述假设案情下,无论房屋登记在谁名下,某教授仅以1元的象征性价格出售房屋给女友,而且基于女友的特殊身份,其没有理由相信出售房屋属于某教授和妻子的共同意思表示,因此,某教授的前妻可以主张要回房屋。

【法律依据】《民法典》第1060条

(四) 夫妻债务

206. 夫妻一方欠下的钱,另一方要还吗?

老公在外借了一笔钱,老婆要不要还呢?

按照《民法典》的规定,夫妻一方欠下的钱,属于一定情形的,另一方要还。这些情形用通俗的语言,说明如下:

(1) 老公老婆共同签名 = 共同还债;

(2) 老婆事后承认或追认 = 共同还债;

(3) 老公个人借钱,用于家庭日常生活 = 共同还债;

(4) 老公个人借钱,数额超出家庭日常生活需要,出借人举证用于家庭日常生活、共同生产经营或有夫妻合意 = 共同还债。

无论是以上哪种情况,要求夫妻双方共同还债,债权人需要承担相应的举证责任。尤其是超出家庭日常生活需要的债务,债权人的举证责任更加严格。

对于"家庭日常生活需要"的认定,具体可以参考下表:

超出日常生活所需 (债权人举证)	出借人证明用于夫妻共同生活 (如衣食住行、医疗教育、文娱活动等)	共同债务
	出借人证明用于夫妻共同经营 (如夫妻店、另一方有受益等)	共同债务
	另一方确认(事前、事中、事后确认皆可) (签字、电话、短信、微信、邮件确认等)	共同债务
	出借人不能证明用于夫妻共同生活、共同经营	个人债务
符合日常生活所需 (债权人初步举证)	用于家庭日常消费,根据夫妻共同生活的状态(如双方的职业、身份、资产、收入、兴趣、家庭人数等)和当地社会生活习惯认定	共同债务

【法律依据】《民法典》第1064条

207. 夫妻一方为别人提供担保,另一方要承担责任吗?

小丽的丈夫在外经商,生意伙伴间相互提供担保,为各自的企业筹措资金的情况也经常发生。因为企业周转所需的往往都是大额资金,一旦企业资金链断裂,担保人难逃其责,小丽也很担心丈夫随意对外提供担保,连累自己也要承担责任。

虽然夫妻一方所负债务可能属于夫妻共同债务,但是,法律明确规定夫妻一方对外提供担保产生的债务,不属于夫妻共同债务,另一方无须承担责任。

【法律依据】《最高人民法院民一庭关于夫妻一方对外担保之债能否认定为夫妻共同债务的复函》

二、离婚

(一) 离婚方式

208. 离婚还要冷静期?

夫妻双方因感情不和,两人到婚姻登记机关申请离婚,却被工作人员告知,夫妻俩要先回家"冷静"30 天,30 天后还决定离婚的,再来申请离婚证。这是为什么?我们没有离婚的自由吗?

《民法典》关于 30 天离婚"冷静期"的规定,是对协议离婚程序的规定,其目的是给予离婚双方一个理性思考的机会,避免双方因生活琐事争议草率离婚,并不是限制离婚自由。该规定是这样的:

首先,夫妻双方自愿离婚的,应当签订书面离婚协议,离婚协议应当载明双方自愿离婚的意思表示和对子女抚养、财产以及债务处理等事项协商一致的意见,并亲自到婚姻登记机关申请离婚登记。

其次,自婚姻登记机关收到离婚登记申请之日起 30 日内,任何一方不愿意离婚的,都可以向婚姻登记机关撤回离婚登记申请。

再次,"冷静期"届满后 30 日内,双方应当亲自到婚姻登记机关申请发给离婚证,婚姻登记机关发给离婚证即解除双方婚姻关系;当事人没有到婚姻登记机关申请离婚证的,视为撤回离婚登记申请。

最后,协议离婚不成,婚姻当事人还可以向法院提起诉讼离婚。

【法律依据】《民法典》第 1077 条

209. 离婚一定要打官司吗?

有一对夫妻,两人打算离婚,对财产、孩子等问题都协商好了,还需要打官司吗?

离婚有两种方式:协议离婚和诉讼离婚。夫妻双方自愿离婚的,应当签订书面离婚协议,并亲自到婚姻登记机关申请离婚登记。如果协商不成的,可向人民法院提出离婚诉讼。

协议离婚和诉讼离婚有以下不同:

(1) 是否收费不同。协议离婚登记不收费;诉讼离婚要按规定交纳诉讼费。

(2) 婚姻关系解除的时间不同。协议离婚的,经双方申请并由婚姻登记机关发给离婚证即解除婚姻关系;诉讼离婚的,如果法院认为双方感情没有破裂,则会判决不准离婚,如果双方感情确已破裂,法院才会判决离婚,婚姻关系自判决生效之日解除。

(3) 财产分割协议的效力不同。如果夫妻双方有签订"净身出户"的忠诚协议,自愿离婚的,协议约定有效,但通过法院诉讼离婚时,所谓"忠诚"协议的效力可能不被认可。

210. 离婚官司在哪里打?

如果夫妻双方一方想离婚,另一方不想离婚,那就只能到人民法院打官司啦!但要到哪里的法院呢?

答案是被诉一方住所地的法院。但是,如果被诉一方的住所地与经常居住地不一致的,要到经常居住地的法院起诉。

"住所地"是指户籍所在地。

"经常居住地"是指离开住所地至起诉时已连续居住一年以上的地方,但住院就医的地方除外。

如果被诉一方不在国内居住,起诉方可以在自己的住所地或经常居住地起诉。

如果被诉一方下落不明,或者被采取行政强制性措施,或者被监禁,起诉方可以在自己的住所地或经常居住地起诉。

【法律依据】《民事诉讼法》第22条;《民事诉讼法意见》第12条

211. 对军婚,起诉离婚有什么特殊规定?

现役军人的配偶要求离婚,须得军人同意,但军人一方有重大过失的除外,如重婚或与他人同居,实施家庭暴力或虐待、遗弃家庭成员,有赌博、吸毒等恶习屡教不改的。

如果夫妻双方都是军人,应当到军事法院起诉。如果夫妻仅有一方是军人的,则到被告住所或经常居住地法院起诉。

【法律依据】《民法典》第 1081 条

212. 妻子怀孕期间可以离婚吗?

王小姐怀孕了,但是王小姐的丈夫在孕期的表现很不好,不但不对孕妇给予照顾,还经常责备王小姐太娇气,双方争吵不断,王小姐决定离婚,但她听说怀孕期间不能离婚,有这么回事吗?

女方在怀孕期间、分娩后 1 年内或者中止妊娠后 6 个月内,男方不得提出离婚。但是,女方是可以提出离婚的。所以,如果王小姐认为两人确实没办法继续维持婚姻关系的话,是可以提出离婚的。

另外,人民法院认为确有必要受理男方离婚请求的,也不在此限。什么是确有必要的情形呢?

"怀孕、分娩"的本意应理解为丈夫和妻子的双方行为而发生的怀孕、分娩。若女方与第三人通奸致孕,是对男方感情的严重伤害,在此情况下,不能剥夺男方的离婚请求权。所以,不能一刀切地认为男方不能在女方怀孕期间、分娩一年内提出离婚。

除此之外,还要注意:到法院起诉离婚后又撤诉的,或者法院判决不准离婚的,没有新情况、新理由,6 个月内又起诉的,法院不受理。所以,要在 6 个月以后再起诉!

【法律依据】《民法典》第 1082 条;《民事诉讼法》第 124 条

213. 分居 2 年就一定能离婚吗?

我们经常听人说:夫妻感情不和,如果对方不愿意离婚,就分居,分居满 2 年就自动离婚了。事实真的是这样吗?

阿美和小强于 2016 年登记结婚,2019 年阿美起诉要求离婚。在法庭上,阿美说,双方新婚不久就争吵不断,小强因此离家出走,双方从 2016 年开始一直分居到现在,已经满 2 年,两人的感情彻底破裂。

小强却说，他常年在外地做生意，所以经常不在家，但逢年过节都有回家，亲朋好友都可以证明，他和阿美并没有分居。小强认为，阿美是因为他做生意亏了，欠了外债，才提出离婚的。

法院调查后，证实小强说的是真的，认为两人不属于"因感情不和分居满两年"的情形，法院劝阿美，小强外出工作是为了养家糊口，应体谅；也劝小强，阿美独自照顾家庭，还要背负共同债务，也要体谅。最终不支持离婚。

阿梅和小军结婚后也经常吵架，甚至发生肢体冲突，还多次报警。小军受不了天天吵架，向单位申请到外地工作，一去就是两年。期间有回老家过年过节，但都住在自己的父母家，没有和阿梅同住。

在外地工作的期限届满了，小军必须回老家工作，小军仍然没有和阿梅同住，而是在单位附近租了一套房子。小军到法院起诉要求离婚，并向法院提交报警记录、外地工作2年多的证明，回来后的租房证明等证据，证明双方分居已超过两年，符合离婚条件。

在法庭审理期间，阿梅和小军多次当着法官的面大打出手。法院认为，双方感情确实已经破裂，没有和好的可能了，于是判决两人离婚。

夫妻感情破裂才是离婚的法定理由，而"分居满两年"只是判断夫妻感情是否破裂的情形之一，如果分居2年，但感情确实没有破裂的，法院也是不会支持离婚的。

另外，法律讲究的是真凭实据，一定要有确切的证据证明是"因感情不和"而分居，而不是其他原因分居。

再者，"分居满2年"是持续的期间，分居后又共同生活一段时间，然后再次分居的，不能累加计算。

214. 怎么认定夫妻"感情确已破裂"？

前面提到，分居2年并不一定可以离婚，夫妻感情确已破裂才是离婚的主要依据。那么，怎么认定夫妻"感情确已破裂"呢？

判断夫妻感情是否确已破裂，应当从婚姻基础、婚后感情、离婚原因、夫妻关系的现状和有无和好的可能等方面综合分析。除了

"因感情不和分居满二年"以外，一般情况下，下列任一情形也可以视为夫妻感情确已破裂：

（1）重婚或有配偶者与他人同居；

（2）实施家庭暴力或虐待、遗弃家庭成员；

（3）有赌博、吸毒等恶习屡教不改的；

（4）患有禁止结婚疾病的，或有生理缺陷，或其他原因不能发生性行为，且难以治愈；

（5）婚前缺乏了解，草率结婚，婚后未建立起夫妻感情，难以共同生活的；

（6）一方欺骗对方，或者在结婚登记时弄虚作假，骗取《结婚证》的；

（7）双方办理结婚登记后，未同居生活，无和好可能的；

（8）包办、买卖婚姻、婚后一方随即提出离婚，或者虽共同生活多年，但确未建立起夫妻感情的；

（9）一方被依法判处长期徒刑，或其违法、犯罪行为严重伤害夫妻感情的；

（10）一方下落不明满2年，对方起诉离婚，经公告查找确无下落的。

【法律依据】《民法典》第1079条

215. 离婚后又共同生活的"夫妻"有权获得遗产吗？

一对夫妻离婚后，各自生活了一段时间，在形形色色的人群中兜兜转转，一回头，幡然醒悟：还是原配好！于是两人又在一起了。但是两人只是以夫妻名义共同生活，并未办理复婚登记手续，有一天，丈夫遭遇车祸去世，妻子发现丈夫名下有巨额资产，她能分到这笔遗产吗？

离婚之后，夫妻双方就不需要履行夫妻的义务，当然也不再享有夫妻的权利，如果双方又和好的，必须到民政局办理复婚手续，再次登记结婚，恢复夫妻关系。如果双方没有办理登记手续的，相互之间就不属于法律上的配偶，而根据继承等方面的相关规定，不是配偶自然无权继承遗产。

216. 为了规避限购政策，可以假离婚吗？

一对夫妻共同拼搏了十几年，终于积累了一定的资本，想从"小家"换到"大家"，买一套新三房，搬出现在住的这套小两居。但是，因为限购和贷款政策的原因，他们在已有一套房的基础上还想再买一套房子，必须额外付出几十万元的首付款，这样他们的存款就不够首付了，于是，两人听从房产销售人员的建议，办理了假离婚，并成功以首套房的优惠政策买了新房，登记在男方名下。

后来两人又去办理了复婚手续，但一直没有去办理新房的加名手续。几年后，夫妻俩因感情不和要离婚，此时，妻子猛然发现，十几年共同努力的心血，自己竟然无法分得新房的产权！

在法律上，从没有"假离婚"一说，一旦办理了离婚手续，双方就解除了婚姻关系，相应的婚姻权利义务就都终止了。

上面的故事里，夫妻俩如约复婚，但男方在离婚后复婚前购买的房屋，属于婚前个人财产，复婚后没有办理加名手续，不属于夫妻共同财产，女方自然无权分割。

现实中不乏因各种理由"假离婚"的夫妻，最终没有办理复婚手续，导致一方复婚而不得，就此真正终结婚姻关系。如果协议离婚时对财产分割和孩子抚养等问题分配得较为公平还好，如果草率办理离婚，财产归一方，另一方复婚不成想要重新分配财产是比较困难的。

所以，"假离婚"是不可取的。

（二）离婚财产分割

217. 妻子的嫁妆应该分割吗？

老张将女儿小张视为掌上明珠。小张出嫁的时候，老张准备了50万元的压箱钱作为嫁妆，并在婚礼当天随着陪嫁的家电一起带到了女儿的新家。

身边的 法律顾问

婚礼过后，丈夫小李向小张要这50万元，说是为了结婚给聘金、办酒席，向亲朋好友借了50万元，现在这50万元刚好拿来还这些借款。小张不肯，担心丈夫是骗她的，因为他们结婚根本没花50万元，而且她想把钱存着，以后有孩子的时候用。

小李认为，两人先是登记结婚，又办了酒席，不管在法律意义上还是风俗里，双方都已经是夫妻。这50万元的嫁妆，应当属于夫妻共有财产，自己当然可以动用。双方发生了争执，差点闹到要离婚的地步。小张急忙咨询了律师，她想知道，如果离婚的话，小李有权分割这50万元的嫁妆吗？

律师告诉她，嫁妆分为两种：一种是双方未办理结婚登记前，女方父母给女儿的；另一种则是双方办理结婚登记以后，父母再给女儿的。

通常来说，对于双方未办理结婚登记前给女儿的嫁妆，应视为女方的婚前个人财产；对于结婚登记以后父母给女儿的嫁妆，一般会被认定夫妻共同财产，但女方父母明确表示赠与女方个人的除外。

218. 协议离婚后，认为财产分割不公平，可以反悔吗？

陈某和妻子感情不和，双方协议离婚，为了尽快结束婚姻关系，陈某同意净身出户，约定夫妻共有的房子和车子都归妻子所有。办理了离婚登记手续后，陈某把离婚的事告诉了母亲，母亲大发雷霆，认为陈某太傻太天真，要求陈某到法院起诉，要求重新分配财产。

协议离婚后，如果对财产分割问题反悔，可以请求撤销财产分割协议，该请求应该在知道或应当知道撤销事由之日起一年内提出，但人民法院审理后，未发现订立财产分割协议存在欺诈、胁迫等情形的，将依法驳回诉讼请求。

【法律依据】《民法典》第1092条；《婚姻家庭编解释（一）》第20条

219. 离婚时一方持有的公司股份如何分割？

2006年，赵先生出资33万元和另外两人成立一家公司，占注册资本的33%。2011年，公司增加注册资本，赵小姐及范小姐等股东加入。

2015年，公司登录A股创业板，上市以来业绩很好看。2016年公司净利润1.79亿元，同比增长59.4%，2017年上半年净利润6007万元，同比增长6.01%。

2017年，公司发布公告称，持有公司8.01%股份的赵先生因婚姻关系解除，将其所持的1921.32万股公司股份（占总股本的4.81%）分割给妻子陈某。按照当天的收盘价27.05元/股计算，赵某分割给陈某的股份市值约5.2亿元。

股票、债券、基金、未上市股份有限公司的股份，离婚时可以按照如下方式分割：

（1）协商分割；

（2）按市价分配；

（3）根据数量按比例分配。

有限责任公司涉及分割夫妻共同财产中以一方名义在有限责任公司的出资额，另一方不是该公司股东的，法院会更倾向于一方获得股权，并给予另一方一定金额的现金补偿。

原因在于有限责任公司具有人合性，志同道合的股东才有利于公司经营；还需要考虑其他股东的优先购买权，如果一方是股东，另一方不是股东，一方要将股权转给另一方，需要满足以下条件之一：

（1）如果公司过半数股东同意、其他股东明确表示放弃优先购买权的，另一方可以取得股权，成为该公司股东；

（2）如果公司过半数股东不同意转让，但行使优先购买权的，可以对转让股权所得财产进行分割；

（3）如果过半数股东不同意转让，也不行使优先购买权，视为同意转让，另一方可以取得股权，成为该公司股东。

【法律依据】《婚姻家庭编解释（一）》第73条

220. 夫妻一方继承的遗产，另一方有权分割吗？

问题一：如果离婚，他（她）爸留下的一套房子，有我的一份吗?

问题二:如果离婚,他(她)家兄弟姐妹还没对他(她)爸留下的一套房子怎么分割达成一致意见,我可以主张权利吗?

婚姻关系存续期间,一方继承的遗产属于夫妻共同财产,除非遗嘱明确表示只给夫妻一方个人的除外。如果一方继承了遗产,但在离婚的时候,遗产还没有实际分割,那么他(她)的份额是不确定的,因此,夫妻之间也无法分割,法院一般是不予处理的,但可以在遗产实际分割之后再要求处理。所以,

问题一的答案是:有。

问题二的答案是:现在还不可以。

221. 夫妻一方婚前购买的房产,离婚时应当分割吗?

一方婚前买的房,离婚时是否应当分割,具体可以参照以下情形判断。

(1)一方婚前按揭买房,婚后双方共同还贷的,婚后共同还贷部分属于夫妻共同财产。在离婚时,双方协议处理,不能达成协议的,一般房产归婚前买房的一方,并承担尚未归还的贷款,对于共同还贷及其增值的部分,现金补偿给对方。

(2)一方婚前按揭买房,婚后一方还贷、另一方不还贷的,婚姻关系存续期间,夫妻双方各自的收入都属于夫妻共同的收入。偿还贷款的钱无论是从哪一方账户支付,均视为夫妻共同还贷。除非夫妻双方达成了婚内财产协议,明确约定还贷一方享有对应的财产权利。

(3)一方婚前按揭买房,婚后用婚前个人财产偿还剩余的贷款本息的,理论上是个人财产。但应注意:如偿还剩余本息前有共同还贷,则共同还贷部分属于共同财产。更重要的:要有非常清晰的证据可以证明偿还剩余本息的钱属于婚前个人财产!

(4)一方婚前全款买房,婚后出售的,所得的款项属于个人财产。重点在于:钱是种类物,保证这笔房款不与其他夫妻共同所有的款项混同是关键!

（5）一方婚前全款买房，婚后出售后又新购房屋的，婚后出售所得房款属于婚前个人所有，新购房屋登记在出售房屋一方名下，若以售房款全款支付的，仍为个人所有；若房款不足以支付新购房屋全部房款，剩余部分需要夫妻共同还贷的，则共同还贷部分为共同财产。

（6）一方婚前全款买房，婚后办证的，属于个人财产。以房款付清的时间点和结婚登记的时间点作为参照，只要款项是在结婚登记前付清的，无论何时办证，均为婚前个人财产。

222. 离婚时把房子赠与子女逃避债务有效吗？

一对夫妻做生意失败，欠了很多外债，为了躲债，两人决定协议离婚，并约定将名下的两套房产分别赠与一双儿女，并办理了过户手续。夫妻俩的这番操作有效吗？

我国《民法典》规定，因债务人放弃其到期债权或者无偿转让财产，对债权人造成损害的，债权人可以请求人民法院撤销债务人的行为。债务人以明显不合理的低价转让财产，对债权人造成损害，并且受让人知道该情形的，债权人也可以请求人民法院撤销债务人的行为。撤销权的行使范围以债权人的债权为限。

公民将其所有的合法财产赠与他人，系对其自身权利的自由处分，但应当遵循诚实信用原则，不得损害国家、集体或第三人合法权益。这对夫妻将其名下的两套房屋无偿赠与儿女，系通过转移财产的方式逃避债务，对债权人的债权造成了损害，夫妻俩的这番操作是无效的，债权人有权要求撤销赠与。

【法律依据】《民法典》第 539 条

223. 夫妻一方出轨，离婚时还能分得财产吗？

武大郎和潘金莲要离婚，武大郎认为，因潘金莲出轨，"武大郎烧饼铺"应当归武大郎一人所有，潘金莲应该净身出户。潘金莲却认为，"武大郎烧饼铺"是她和武大郎白手起家一起经营起来的，是夫妻店，她也有权分一半。

很多人认为,夫妻一方出轨,就要少分或不分共同财产,是这样的吗?

实际上,我国法律并未明确规定夫妻一方出轨,就一定要少分或不分共同财产。《民法典》规定:"有下列情形之一,导致离婚的,无过错方有权请求损害赔偿:

(一)重婚;

(二)与他人同居;

(三)实施家庭暴力;

(四)虐待、遗弃家庭成员;

(五)有其他重大过错。"

请注意:无过错方只是有权请求损害赔偿,而不是有权要求对方少分或不分财产,这是两个不同的概念。

在司法实践中,夫妻一方有重婚或与他人同居行为导致离婚,另一方获得精神损害赔偿的数额是不高的,可能从数千元到数万元不等。这些赔偿相对于夫妻共同财产而言,所占比例是非常低的。

对于少分或不分财产的情形,只限于夫妻一方隐藏、转移、变卖、毁损、挥霍夫妻共同财产,或伪造夫妻共同债务企图侵占另一方财产的情形。

虽然出轨并不一定会导致少分或者不分夫妻共同财产,但毕竟违反了夫妻之间的忠诚义务,法院在财产分割上,会适当考虑对无过错方予以一定的照顾。

【法律依据】《民法典》第1091条、第1092条

(三)离婚损害赔偿

224. 丈夫经常对妻子家暴,妻子可以要求赔偿吗?

王先生和陈女士于2017年登记结婚,婚后王先生经常野蛮殴打陈女士,导致陈女士患上抑郁症。后来,王先生起诉要求离婚,陈女士认为虽然王先生有暴力行为,但双方还有和好的可能,不同意离婚,经法院释明后,陈女士仍拒绝主张损害赔偿。法院考虑到王

先生的家暴行为不利于陈女士的安全，最终判决王先生与陈女士于 2017 年 12 月离婚。

离婚后陈女士的抑郁症更加严重，需长期就医治疗，严重影响其正常的生活和工作。陈女士于 2019 年 4 月诉至法院，要求王先生给予精神损害赔偿 5 万元。

因一方实施家庭暴力导致离婚的，另一方有权请求损害赔偿。损害赔偿包括物资损害赔偿和精神损害赔偿。在离婚诉讼案件中，无过错方作为原告的，必须在离婚诉讼的同时主张损害赔偿；无过错方作为被告的，如果被告不同意离婚也不主张损害赔偿的，可以就此另行单独提起诉讼。

陈女士作为家庭暴力的无过错方，在离婚诉讼时并未主张精神损害赔偿，但她有权另行起诉提出该主张。

【法律依据】《婚姻家庭编解释（一）》第 88 条、第 89 条

225. 妻子擅自终止妊娠，丈夫可以要求赔偿吗？

2018 年 5 月 20 日，小李（男）与小张（女）经人介绍认识，后小张意外怀孕，双方草率办理了结婚登记手续。婚后第三天，小李就以工作繁忙为由，将小张送回娘家，此后连续半个月，小李都没有联系小张。半个月后，小李突然来找小张，要求小张拿出 10 万元嫁妆给他，说是要拿去还结婚时借的外债，小张不同意，双方争吵后不欢而散，此后，小李又连续一个月对小张不闻不问。小张觉得小李对她根本没有感情，刚结婚就躲着她，尽管她怀孕了，小李也不闻不问，小张伤心欲绝，没有告诉小李，以产检的名义独自到医院做了流产手术。

小李知道后，诉至法院要求离婚，并以生育权遭受侵害为由向小张主张损害赔偿 50 万元。

有关法律规定夫以妻擅自中止妊娠侵犯其生育权为由请求损害赔偿的，人民法院不予支持；夫妻双方因是否生育发生纠纷，致使感情确已破裂，一方请求离婚的，人民法院经调解无效，依法处理。

上述规定十分明确：妻子擅自终止妊娠不能成为丈夫以其生育

权被侵犯请求损害赔偿的理由，同时也明确了妻子擅自终止妊娠的行为可能成为夫妻感情破裂的依据。

婚姻关系中，女方有生育子女的权利，也有不生育的自由。女方未经丈夫同意私自终止妊娠，虽可能对夫妻感情造成伤害，但是丈夫不能以此对抗妻子享有的生育决定权。

所以，小李可以主张因生育问题导致其与小张感情破裂，要求离婚，但其提出的关于生育权受侵害的损害赔偿请求，法院不予支持。

【法律依据】《婚姻家庭编解释（一）》第 23 条

226. 双方可以自行约定离婚损害赔偿吗？

陈世美和秦香莲协议离婚，双方约定，因陈世美背叛秦香莲，所有财产都归秦香莲，并且陈世美自愿再另外给秦香莲精神损害赔偿 100 万元，离婚后一年内支付完毕。双方登记离婚后，陈世美的情人很快抛弃了陈世美，陈世美的亲朋好友也都躲着他，他凑不到这 100 万元，于是向法院起诉，主张他和秦香莲签订的离婚协议无效，财产应该均分，且他不需要给秦香莲 100 万元。

前述已经提到，夫妻双方协议约定如果一方出轨则"净身出户"的，在诉讼离婚时可能被认定为约定无效。但如果是协议离婚的，且不存在胁迫、欺诈的情形，则是有效的。

陈世美与秦香莲是协议离婚的，签订协议时并不存在胁迫、欺诈的情形，陈世美应当按照协议履行，支付给秦香莲 100 万元。

（四）离婚子女抚养

227. 夫妻一方不能再生育，离婚时能取得孩子的抚养权吗？

大花和小虎于 2010 年结婚，第二年 10 月生育一女小花。2012 年 1 月大花遭遇一场车祸，并因此丧失了生育能力。后来，双方感情出现问题。2013 年 5 月，小虎向法院起诉要求离婚，并主张小花应由自己抚养。

大花同意离婚，但认为小花还未满2周岁，并且自己丧失了生育能力，日后不可能再生育子女，因此小花应当由自己抚养。小虎则认为，大花车祸后一直在养伤，没有参加工作，日后劳动能力能否恢复还不确定；而自己的工作收入比较高，对孩子今后的成长有利，所以孩子由自己抚养会更有利于孩子的健康成长。

小花到底应该跟着爸爸，还是跟着妈妈呢？

离婚时，孩子的抚养权一般参照以下规定。

2周岁以下的子女，一般随母亲生活。但有下列情形之一的，可随父方生活：

（1）患有久治不愈的传染性疾病或其他严重疾病，子女不宜与其生活的；

（2）有抚养条件不尽抚养义务，而父方要求子女随其生活的；

（3）因其他原因，子女确无法随母方生活的。

小花虽然还未满2周岁，大花也丧失了生育能力，但大花因车祸一直在养病，没有工作，不利于抚养小花；小虎收入高，有能力给小花更好的生长环境。但是，大花仍然坚持要抚养小花，并申请进行劳动能力鉴定。经过鉴定，大花经过康复治疗后，可以恢复劳动能力，不影响正常的工作、生活。

法院认为，鉴定结果显示大花可以恢复劳动能力，同时，因为小花还不满2周岁，大花日后也不能再生育，因此判决小花由大花抚养。

【法律依据】《婚姻家庭编解释（一）》第44条

228. 一方不让另一方探视孩子，怎么办？

大花和小虎离婚后，以小虎经常看小花会不利于小花成长为由，不让小虎探视小花，小虎很着急，他该怎么办呢？

离婚后，不直接抚养子女的父或母，有探望子女的权利，另一方有协助的义务。如果抚养子女一方拒绝不直接抚养子女的另一方探视的，另一方可以向法院申请强制执行。

如果大花恶意阻挠小虎探视小花的话，小虎可以向法院申请强制执行，要求大花协助小虎探视小花，如果大花仍然拒不协助小虎行使探望权的，法院可以对大花采取拘留、罚款等强制措施。

应当注意的是，法院只能采取拘留和罚款的措施，无法对子女的人身、探望行为直接进行强制执行。也就是说，如果对方把孩子藏起来，又不怕会被法院拘留的话，法院可能就没办法帮助你行使探望权了。

229. 祖父母（外祖父母）可以代为行使探视权吗？

大虎是小花的爷爷，大花带走小花后，大虎很想念小花，但大花只让小虎探视小花，拒绝让大虎见小花。大虎一气之下，有一天带着几个亲戚直接冲到大花家，把小花抢走，带回了大虎家。大花急得直跳脚，要求大虎把小花还给她，大虎没同意，并把小花藏了起来。大花无奈之下，起诉至法院，要求大虎把小花交还给她抚养。

祖父母或者外祖父母有探视权吗？

《民法典》规定，探视权的主体仅为离婚后不直接抚养子女的父或母。

但是，在未成年子女的父或母死亡或者丧失行为能力的情况下，代替自己已经死亡或者丧失行为能力的子女对孙子女或外孙子女尽抚养义务的祖父母或者外祖父母主张探望孙子女或外孙子女，也是会得到法院支持的。

大花是小花的法定监护人，大虎将小花抢走，侵犯了大花的监护权，故法院判决大虎将小花交由大花抚养，由大花行使监护权。

【法律依据】《民法典》第1086条

230. 孩子的抚养费怎么付？

法院判决大花和小虎离婚，同时判决小虎应每月支付800元的抚养费。离婚后，大花带着小花离开小虎家，独自生活，但大花忙着康复训练，还没有收入，而小虎外出工作，有时一个月给1500

元，有时又连续几个月没给抚养费，大花和小虎难免又发生争执。小虎应该怎么付抚养费呢？

离婚后，未抚养孩子的一方应当全部或部分支付抚养费。子女的抚养费的多少和期限的长短应当由双方协商确定。

抚养费的数额，可根据子女的实际需要、父母双方的负担能力和当地的实际生活水平确定。

有固定收入的，一般可按其月总收入的20%—30%给付。负担两个以上子女抚育费的，比例可适当提高，但一般不得超过月总收入的50%。

无固定收入的，抚养费的数额可依据当年总收入或同行业平均收入，参照上述比例确定。

有特殊情况的，可适当提高或降低上述比例。

一方无经济收入或者下落不明的，可用其财物折抵子女抚养费。

【法律依据】《民法典》第1085条；《婚姻家庭编解释（一）》第49条

231. 离婚后，妻子可以让孩子随自己姓吗？

大花和小虎离婚后，想让小花随自己姓，跑了几趟公安部门也没有办下来，为什么呢？不是说子女可以随父姓，也可以随母姓吗？

离婚后，双方未经协商或协商未达成一致意见，其中一方要求变更子女姓名的，公安机关可以拒绝受理。如果一方向公安机关隐瞒离婚事实，变更了子女的姓名，若另一方要求恢复且双方协商不成的，公安机关应予以恢复。

因此，离婚后孩子改姓，不经过对方同意，抚养孩子一方是无权单独更改的，就算更改了，对方也有权利起诉变更，到时候还得改过来。

如果大花非要给小花改姓的话，她应该这么做：

首先，和小虎协商，取得小虎书面同意的证明材料。如果小花满10周岁，还需要争取小花的意见，但是如果小花已经满18岁，需要征得小花的同意。

其次，携带本人及小花户口本、身份证、离婚证等材料到户籍所在地派出所办理，办理过程中还需要小花父母双方的签字。

【法律依据】《离婚后子女姓名变更批复》

232. 离婚后孩子改姓，可以不给抚养费吗？

大花经过小虎的同意，给小花办理了改姓手续。后来，小虎后悔了，并以此为由不给小花的抚养费。小虎这样做是不对的！

离婚后，一方抚养的子女，另一方应负担必要的生活费、教育费、医疗费等费用。无论孩子跟谁姓，父母任何一方都要承担抚养未成年子女的义务，不能以离婚后孩子改姓为由不给孩子抚养费。

【法律依据】《婚姻家庭编解释（一）》第42条

233. 抚养权可以变更吗？

大花和小虎离婚后，小虎埋头工作，努力挣钱。大花则经过康复训练后，也恢复自理能力和劳动能力，并与阿牛重组家庭。8年之后，大花和阿牛通过生殖辅助技术，终于成功生育了一对双胞胎宝宝。

小虎探望小花的时候，感觉大花重组家庭后对小花很冷落，特别是双胞胎宝宝出生后，情况更为严重，心里很不是滋味，于是向法院起诉要求变更小花的抚养权，由小虎来抚养小花。

法院已经作出了生效判决，抚养权还可以变更吗？

可以要求变更子女抚养关系的情形有：

（1）与子女共同生活的一方因患严重疾病或因伤残无力继续抚养子女的；

（2）与子女共同生活的一方不尽抚养义务或有虐待子女行为，或其与子女共同生活对子女身心健康确有不利影响的；

（3）已满8周岁的子女，愿随另一方生活，该方又有抚养能力的；

（4）有其他正当理由需要变更的。

　　法院受理小虎的起诉后，经调查发现，小花在阿牛家，经常被阿牛打骂，而大花忙于照顾双胞胎，也无暇顾及小花，小花的身心受到不良影响。因为小花已年满10周岁，小花自己明确表示愿意与小虎生活，法院最终判决变更小花的抚养权，由小虎抚养小花。法院还对大花和阿牛的行为予以批评教育，嘱咐他们应该一视同仁，对孩子给予同样的照顾和关心，大花和阿牛承认了错误。

【法律依据】《婚姻家庭编解释（一）》第56条

第八章

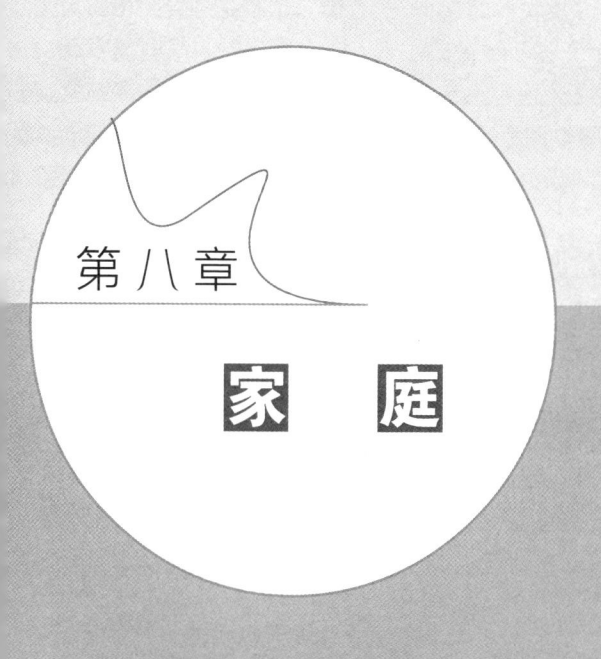

家 庭

家庭是亲属间构成的社会生活单元。重视家庭文明建设、依法理性处理亲属关系是家庭幸福和社会稳定的基石。

一、抚养子女

234. 可以断绝亲子关系吗？

2019年的热播电视剧《都挺好》中，苏母重男轻女十分严重，小女儿苏明玉因长期缺乏父母关爱，无奈与苏父苏母断绝了亲子关系。那么问题来了，父母子女关系真地可以断绝吗？

父母子女关系分为两种：一种是自然血亲的父母子女关系，由血缘关系形成。另一种是拟制血亲的父母子女关系，通过实施一定的行为而形成的一种法律拟制身份关系，包括因收养而形成的养父母子女关系和因父母再婚而形成的继父母子女关系。拟制血亲的父母子女关系可以通过一定的法律程序解除，但父母子女签订的一纸声明或者任何形式的承诺都不能断绝自然血亲关系。

在《都挺好》这部剧中，苏明玉与父母是自然血亲的父母子女关系，因此不能通过协议的方式断绝关系。

235. 孩子18岁以后还要支付抚养费吗？

李某与王大原系夫妻，1999年7月17日生育一子王小。2004年，王大与李某离婚，王小归李某抚养。离婚后，王大支付王小抚养费至2017年7月王小满18周岁，此后王大未向王小支付抚养费。王小以其2017年7月已被某大学录取为由，请求王大继续支付抚养费并增加至2100元并支付其在大学期间所需住宿、交通费用以及电脑、手机、眼镜等费用支出。王大以王小已成年，能够独立生活为由，不同意再向其支付抚养费及其他费用。

法律规定，父母不履行抚养义务时，未成年的或不能独立生活的子女，有要求父母给付抚养费的权利。本案中，王小已年满18周岁，不属于未成年人，是否属于"不能独立生活的子女"？

尚未独立生活的成年子女，有下列情形之一，父母又有给付能力的，仍应负担必要的抚育费：（1）丧失劳动能力或虽未完全丧失劳动能力，但其收入不足以维持生活；（2）尚在校就读的；（3）确无独立生活能力和条件的。

注意："尚在校就读的"是指尚在校接受高中及其以下学历教育，"丧失或未完全丧失劳动能力"是指非因主观原因而无法维持正常生活。

法院认为，因王小已经高中毕业，正处于就读大学阶段，且并未丧失劳动能力，系完全民事行为能力人，故不属于"不能独立生活的子女"，其要求王大给付抚养费的主张，没有法律依据。

法院还在判决书中特别说明，虽然现实生活中绝大部分在大学学习期间已成年的子女仍由父母抚养，但此为父母道德上的自愿行为而非现行法律规定的义务。

【法律依据】《民法典》第1067条；《婚姻家庭编解释（一）》第41条

236. 父母抚养子女的支出，子女要还吗？

《都挺好》剧中有一个情节，苏大强拿出一套账本，里面记载着苏母生前为三个子女提供的每一笔资金，小到某年某月给谁买了一串糖葫芦，大到为哪个儿子提供了房屋首付款等，时间跨度30多年。而这三份账本，二儿子的最多，里面包括为他买房、换车等消费，总共记了6本；记录最少的是苏明玉，仅有一小本。手里有这个"撒手锏"，苏大强要求二儿子一家还账。

日常生活中，父母抚养子女的花费要返还吗？什么情况下要返还呢？

对于未成年子女或者不能独立生活的成年子女，父母应当履行抚养义务。《都挺好》剧中的苏父苏母为三个未成年子女买糖葫芦、供他们上学等费用，属于履行法定义务的支出，三个子女无须返还。但在子女成年、能够独立生活以后，应承担赡养父母的义务。

对于能够独立生活的成年子女，父母并没有抚养的义务。如果父母与成年子女对日常消费支出的性质有明确约定，如签订有正式协议，约定该笔支出要在一个期限内偿还，那么父母出资应该视为借款，成年子女理应负有偿还义务。如果没约定的，日常消费一般会被认定为对成年子女的赠与，无法要求返还。但如果是大笔的开支，如苏父苏母为成年的二儿子买房买车，虽然没有写借条，但父母未明确表示是赠与的情况下，款项的性质应认定为借款。

237. 非婚生子女可以要求生父母支付抚养费吗？

刘女士和丈夫徐先生在2008年4月登记结婚。但在结婚前，徐先生跟尹某交往，尹某于2007年9月为他生下一个女儿欣欣。徐先生每月薪资税前12.4万元，年终奖还有50万—100万元。2008年5月16日，尹某与徐先生签订书面《子女抚养及财产处理协议书》，约定：欣欣由尹某抚养，徐先生每月支付抚养费2万元，至欣欣20周岁时止，徐先生还承诺"如果以后有任何原因（如因家人的压力上法庭）等产生关于此事的法律纠纷，本人请求法院按照本人此意愿判决"。之后，徐先生仅按协议履行到2014年1月。

2014年6月，尹某为讨要孩子抚养费将徐先生告上法庭。法院在审查双方当事人的陈述、提供的证据、徐先生的收入等材料后，确认徐先生应按其承诺内容履行，并于2014年7月作出判决，判令徐先生按每月2万元给付欣欣自2014年2月至同年6月抚养费共计10万元，并自2014年7月起每月给付欣欣2万元抚养费至其20周岁止。

徐先生的妻子刘女士知道上述判决后非常愤怒，并向法院起诉，她认为徐先生未经她的同意，处分夫妻共同财产，法院判决徐先生按每月2万元支付抚养费，侵犯她的合法权益，要求撤销原判决，改判抚养费每月2000元。

婚生子女是夫妻登记结婚后所生的子女，非婚生子女是指未经登记结婚的男女双方所生子女，包括未婚男女所生子女，也包括已婚男女与第三人所生子女（即俗话说的"私生子"）。

《民法典》规定：非婚生子女享有与婚生子女同等的权利，任何人不得加以危害和歧视。不直接抚养非婚生子女的生父或生母，应当负担子女的生活费和教育费,直至子女能独立生活为止。因此,无论是婚生子女还是非婚生子女,都有权要求生父母支付抚养费。

法院认为,虽然夫妻对共同所有财产享有平等处理的权利,但夫或妻也有合理处分个人收入的权利。除非一方支付的抚养费明显超过其负担能力或者有转移夫妻共同财产的行为,否则不能因未与现任配偶达成一致意见即认定属于侵犯夫妻共同财产权。上述判决中,虽然徐先生承诺支付的抚养费数额确实高于一般标准,但在父母经济状况均许可的情况下,都应尽责为子女提供较好的生活、学习条件。徐先生承诺支付的抚养费数额一直在其个人收入可承担的范围内,且徐先生这几年的收入情况稳中有升,支付欣欣的抚养费在其收入中的比例是下降的,亦不存在转移夫妻共同财产的行为。因而,徐先生支付欣欣抚养费用和期限作出的承诺并未侵犯刘女士的夫妻共同财产权。

【**法律依据**】《民法典》第 1071 条

238. 扔掉残疾的孩子,有什么后果?

李志和郝梅婚后生下李小志。有一天,李小志突然昏倒,李志和郝梅带李小志到医院检查、治疗,李小志被确诊患有癫痫病。夫妻俩带李小志辗转各医院进行医治,花光了积蓄。李志和郝梅商量后决定由郝梅在家看孩子,李志外出打工挣钱。一个人在家照顾李小志的郝梅心力交瘁,经常向丈夫诉苦,可是李志走后,只管每个月寄回 2000 元,再也没有回来看过郝梅和孩子了。

郝梅带着孩子到李志打工的地方,想把孩子交给李志照顾,李志以要挣钱等各种理由拒绝。郝梅带着李小志到附近的一家餐馆吃饭,然后就自己回老家了。餐馆老板报警后找到了李志,对李志一顿批评教育后,李志才把孩子领回。夫妻两人商量后决定把李小志扔了。

一天,李志和郝梅带着李小志到市中心玩,把李小志扔在人群中跑了。市民发现后报警,在公安局经民警好一阵批评教育,李志夫妇俩才把李小志接回来。

又一天,趁着月黑风高的夜晚,李志和郝梅两人把李小志扔在了孤儿院的门口,留下一些吃的和一张字条就走了。孤儿院的工作人员发现后报警,民警联系李志和郝梅领回孩子,他们已逃到外地,失去联系。

公安机关以李志和郝梅涉嫌遗弃罪,要求他们配合调查。此时李志和郝梅才意识到自己已经涉嫌犯罪了。

刑法规定,对于年老、年幼、患病或者其他没有独立生活能力的人,负有扶养义务而拒绝扶养,情节恶劣的,处5年以下有期徒刑、拘役或者管制。

法院审理后认为,李志和郝梅对于年幼没有独立生活能力的李小志,负有扶养义务而拒绝扶养,多次遗弃,情节恶劣,其行为已构成遗弃罪。最终判决李志和郝梅犯遗弃罪,判处有期徒刑一年四个月。

【法律依据】《刑法》第261条

239. 姓氏可以不随父姓和母姓吗?

孩子的姓氏应当随父姓或者母姓,但法律还规定了三种可以在父姓和母姓之外选取姓氏的情形:

第一种,根据社会实际情况,如果有正当的理由,可以选择其他的姓氏,比如直系长辈血亲的姓氏。

第二种,孩子由法定抚养人以外的人抚养而选取抚养人姓氏。

第三种,有不违反公序良俗的其他正当理由,也可以选择不随父母姓氏。如果是少数民族公民的姓氏,就要考虑符合本民族的文化传统和风俗习惯。

【法律依据】《民法典》第1015条

二、收养关系

240. 收养应当具备什么条件?

陈某和丈夫结婚后一直未能怀孕。后来,陈某通过朋友得知一位未婚怀孕的妈妈想要将孩子送人。陈某联系了这位妈妈并收养了婴儿。但陈某在办理收养手续时却受到了阻碍。因为这位妈妈不愿意配合做亲子鉴定,无法验证亲生母亲的身份,陈某多次联系,这位妈妈只留下一条"不要再打扰我"的短信,随后就与陈某断了联系。陈某想要办理收养手续,民政部门表示不能办理。

收养应当向县级以上人民政府民政部门登记。收养关系自登记之日起成立。收养关系成立后,公安部门才能为被收养人办理户口登记。

收养应当具备以下条件才能办理收养登记。

(1) 被收养人。下列未成年人可以被收养:①丧失父母的孤儿;②查找不到生父母的未成年人;③生父母有特殊困难无力抚养的子女。

(2) 送养人应当符合以下条件之一:①孤儿的监护人;②儿童福利机构;③有特殊困难无力抚养子女的生父母。

(3) 收养人应同时具备下列条件:①无子女或者只有一名子女;②有抚养、教育和保护被收养人的能力;③未患有在医学上认为不应当收养子女的疾病;④无不利于被收养人健康成长的违法犯罪记录;⑤年满30周岁。

【法律依据】《民法典》第1093条、第1094条、第1098条、1105条、第1106条

241. 可以收养"弃婴"吗?

一对夫妇在工厂上班,下晚班的时候发现一个女婴被扔在工厂

门口。女婴出生不久,躺在睡袋里不哭不闹,非常乖巧。他们抱起孩子,等了很久也没有见人来,他们不放心把孩子扔在工厂门口一整夜,决定先把孩子抱回家。后来他们四处打听,都没有孩子亲生父母的消息,也没有人来认领。夫妻俩与孩子相处久了,感情也越来越深厚。一年后,两人经过商量,决定收养这个孩子。孩子渐渐长大,需要办理户口才能上学。但他们不具备收养资格,无法办理收养关系的登记手续。

发现弃婴应当立即向发现地派出所报案,并交由派出所,由当地派出所查找弃婴的生父母,并交由当地民政部门的儿童福利院代管、代养,任何公民都不得私自收养弃婴。如果私自收养弃婴,很可能无法办理收养登记。

因为无法知晓弃婴是被父母遗弃还是被人贩子拐走之后遗弃的,所以对弃婴的身份认定相对严格。如果报案后,公安部门查不到弃婴的生父母,则由公安部门为收养人出具"弃婴证明"。符合法定收养条件的收养人可以凭"弃婴证明"到民政部门办理收养登记,确定收养关系。

收养关系成立后,即可到公安机关办理户口登记。户口登记前,还应当有由有资质的鉴定机构出具的确认收养人与弃婴、孤儿非亲子关系的鉴定意见、公安机关在"全国公安机关查找被拐卖失踪儿童信息系统"对被收养人是否是被拐卖失踪儿童进行比对后的结论等。

242. "亲子亲卖""好心收养"也犯罪?

张某做生意失败欠了一屁股债,老婆又跑了,留下一个年幼的女儿。有个家境富裕的陌生人出高价,让张某把女儿卖给她,张某想女儿跟着自己肯定要受苦,卖给有钱人对她更好。张某把女儿高价卖给这个有钱人后,却因涉嫌拐卖儿童罪被逮捕。张某觉得把女儿卖给有钱人是对女儿好呀,怎么就犯法了呢?

李某无法生育,通过中介找到一户人家要卖儿子。李某见到这个孩子时,孩子也很喜欢她,李某便觉得孩子跟她有缘,于是花钱买回自己家中抚养,但是,没过多久,李某就因涉嫌收买被拐卖儿童罪被逮捕了。李某说道:"我把他当亲儿子照顾,我是收养啊,怎么是犯罪呢?"

以送养之名出卖亲生子女与民间送养行为的区别在于主观上是否具有非法获利的目的。

不是出于非法获利目的,而是迫于生活困难,或者重男轻女思想影响,私自将没有独立生活能力的子女送给他人抚养,包括收取少量"营养费""感谢费"的,属于民间送养行为。

"亲子亲卖"是不允许的!无论出卖方是谁,只要存在金钱交易,就可能构成拐卖儿童罪。父母也没有权利将亲生子女作为商品出卖。

"好心收买"也是不允许的!不通过合法的收养程序而采取非法收买方式实现得到一个孩子的目的最终都将面临"人财两失"的结局。

不过,如果在被追诉前,收买方将被收买儿童送回其家庭,或者交给公安、民政、妇联等机关、组织,没有其他严重情节的,可以不追究其刑事责任。

【法律依据】《刑法》第 240 条、第 241 条;《惩治拐卖妇女儿童意见》第 20 条

243. 养子女可以继承养父母的遗产吗?

王某和李某夫妇收养了女儿丽丽,但丽丽成年去外地工作后就再也没回来过,都是王某的侄子小王在照顾夫妻俩。2015 年,王某的妻子李某去世。2017 年,王某经公证立书面遗嘱一份,遗嘱注明:"坐落福建省某地一居室房产属我所有,在我去世后,将上述房产遗赠给我的侄子小王个人所有。"

2017 年 12 月,王某因病去世。2018 年 3 月,小王与别人签订《房屋买卖协议》,将王某名下的房产出售,房屋总价款为 200 万元。丽丽认为王某与李某系自己养父母,小王系王某之侄子。养父母先后去世,小王在未通知自己的情况下,擅自将养父母的全部遗产据为己有,故起诉要求法院继承父母房产的 1/4 份额,小王按房屋价

格折价赔偿。

根据法律规定，第一顺序的继承人是配偶、父母、子女。其中子女包括亲生子女，也包括并无血缘关系的养子女。

本案中，王某处分的房产是夫妻共同财产，王某与李某各占一半的份额。李某去世前其父母已经去世，李某先于王某去世，丽丽作为养女有权依法继承该房产中属于李某遗产的法定份额。因此，尽管王某以公证遗嘱的方式把房产遗赠给小王，但其中属于李某遗产部分的遗赠是无效的。

丽丽成年后虽然没有尽到赡养王某与李某的义务，但收养关系一旦成立，在法律上就应按照父母子女的关系处理。解除收养关系需要按照有关规定办理手续。因此，小王出售的房产中有1/4属于丽丽可以继承的遗产，小王应该将属于丽丽继承的份额折价给丽丽。

【法律依据】《民法典》第1111条、第1127条

244. 养子女可以继承生父母的遗产吗？

赵甲和赵乙是双胞胎姐妹，赵甲年幼时就被父母送给赵甲的亲叔叔抚养，办理了收养手续。由于两家的亲戚关系，赵甲从小就知道自己的身世，两家父母也没有隐瞒，相互之间经常往来。赵甲成年后，在赡养养父母的同时也经常看望生父母并不时给一定的生活费。后来，赵甲的生父母离世，赵甲与赵乙共同料理了后事。因赵甲的生父母留下了两处房产，赵甲想与赵乙一起继承生父母的遗产，但赵乙认为，赵甲已经被送养给别人了，无权继承生父母的遗产。

《民法典》规定，自收养关系成立之日起，养父母与养子女间的权利义务关系适用法律关于父母子女关系的规定；养子女与生父母间的权利义务关系，因收养关系的成立而消除。

因此，收养关系一旦成立，养子女无权继承生父母的遗产。

虽然赵甲无法作为继承人"继承"遗产，但是，赵甲对生父母也尽了一定的赡养义务，可以适当获得生父母的一些遗产。

【法律依据】《民法典》第1111条

245. 收养关系可以解除吗？

赵某夫妇生育了 2 个女儿赵甲和赵乙，后来又收养了 1 个儿子赵丙。赵某夫妻 2 人含辛茹苦把 3 个孩子拉扯大，儿子赵丙成年以后，还是赵某夫妇出钱出力为他操办了婚事。后来两个老人年迈多病，但都是 2 个女儿在照顾他们，赵丙对老人不闻不问，未尽到赡养义务。赵某夫妇伤心欲绝，便打算和赵丙断绝关系。

收养关系一经成立，便在收养人与被收养人之间建立起法律拟制的血亲关系。那么，他们之间的收养关系是否可以解除呢？

首先，未成年人的收养关系不得随意解除。在被收养人成年以前，不得解除收养关系，但收养人、送养人双方协议解除的除外。如果养子女年满 10 周岁以上的，还应当征得本人同意。如果收养人不履行抚养义务，虐待、遗弃等侵害未成年养子女合法权益的，送养人也可以要求解除收养关系。

其次，成年人的收养关系在一定条件下可以解除。如果养父母与成年养子女关系恶化、无法共同生活的，可以协议解除收养关系。如果不能达成协议的，可以向人民法院起诉。

上述案例中，因赵丙已经成年，赵某夫妇与赵丙之间关系恶化，确实无法共同生活的，可以解除收养关系。

【法律依据】《民法典》第 1114—1116 条

246. 亲生父母能要回被送养的孩子吗？

黄某夫妇于 1996 年生下女儿，女儿 1 周半的时候，黄某的妻子已经再次怀孕 9 个月了，做了 B 超显示是男孩。黄某的父亲重男轻女思想严重，为了儿媳能顺利生下肚子里的男孩，黄某的父亲乘黄某夫妇不在家期间，将女孩送给周某夫妇收养，还隐瞒了送养情况。

周某夫妇收养了女儿笑笑之后，办理了户口，但没有到民政部门办理收养登记。周某夫妇一直把笑笑当亲生女儿抚养到 20 岁，突然有一天，周某夫妇收到法院的一纸诉状。

当年黄某夫妇得知自己的女儿被父亲送走后，一直多方寻找笑笑，后来终于了解到女儿被周某夫妇未经登记违法收养，在多次交涉未果后，黄某夫妇作为笑笑的亲生父母，到法院起诉周某夫妇要求确认收养关系无效。

法庭上，黄某夫妇声泪俱下，希望笑笑能回到自己的身边。周某夫妇也很无奈，毕竟他们与养女共同生活了近20年。而笑笑却表示她同意亲生父母的诉请，希望解除与周某夫妇的收养关系。

法院认为，收养人应年满30周岁，周某夫妇收养笑笑时两人当时的年龄分别为24岁和26岁，均未达到法定收养人年龄，且事后也没有补办相关手续，因此判决周某夫妇与笑笑的收养关系无效。

这是一起关系人情和法理的判决，得知判决结果的周某夫妇心情很沉重。和笑笑一起生活了近20年，现在别人突然说把孩子带走，心里有说不出的难受。知情者都为周某夫妇感到不值：这么多年的女儿就白养了？

法院在判决书中表示，周某夫妇收养笑笑19年，期间所支出的生活费、教育费等，可以另行主张经济补偿。虽然如此，经济补偿也换不回多年培养的感情。该案件提醒大家，收养小孩一定要依法办理相关手续。

三、赡养老人

247. "常回家看看"是子女的法定义务吗？

王某是胡女士的女儿。在王某10岁时，其父去世，胡女士带着王某改嫁他人，居住在福州。现如今，王某也已成家，居住在厦门。多年来，胡女士与王某之间的母女关系一直较好，但因胡女士改嫁后另育有一子，现因老宅拆迁款分配问题产生纠纷，王某因此与胡女士不再往来。胡女士思女心切，到法院起诉要求王某履行探望义务。

法院认为，赡养义务人应当履行对老年人经济上供养、生活上照料和精神上慰藉的义务，照顾老年人的特殊需要。与老年人分开居住的家庭成员，应当经常看望或者问候老年人。王某与胡女士母女感情原来一直较好，后因故不再往来，致使原本分居两地的二人没有了交流。虽然胡女士的经济能力足以维持自己的基本生活，但其仍有权要求王某给予精神上的慰藉。王某作为子女，理应照顾胡女士的特殊需要，经常看望并问候胡女士。

2018年发布的《老年人权益保障法》规定，家庭成员应当关心老年人的精神需求，不得忽视、冷落老年人。与老年人分开居住的家庭成员，应当经常看望或者问候老年人。用人单位应当按照国家有关规定保障赡养人探亲休假的权利。

因此，"常回家看看"是一项法定义务。

【法律依据】《老年人权益保障法》第18条

248. 赡养义务可以通过约定免除吗？

电视剧《都挺好》中，苏家母亲重男轻女，对女儿的态度和儿子的态度截然不同。后来苏家女儿受不了父母的偏爱，和父母之间矛盾激化，上大学后就不再依靠家里。父母也发了毒誓、立了字据，不需要女儿养老送终，苏家的财产也都与女儿无关。

根据父母写下的字据，苏家女儿放弃继承苏家的财产，真的可以不用赡养父母吗？

在法律上，这是行不通的。父母与子女之间的自然血亲关系与生俱来，不能通过协议免除。父母对孩子的抚养义务以及孩子对父母的赡养义务均为法定义务，亦不能通过协议免除。

《老年人权益保障法》明确规定："赡养人不得以放弃继承权或者其他理由，拒绝履行赡养义务。赡养人不履行赡养义务，老年人有要求赡养人付给赡养费的权利。"

【法律依据】《老年人权益保障法》第19条

249. 子女可以干涉父母再婚吗？

苏家有3个子女，都各自成家了，苏家母亲去世后，苏父1人感觉到孤单冷落。子女出国的出国,出差的出差,根本顾不上他。子女只能出资给他请了个保姆。苏父和保姆相处久了,慢慢产生了感情,想要和保姆结婚。子女们认为,保姆肯定是图苏父的钱,纷纷都表示反对,还表示如果苏父要再婚的话,他们就不再管他的死活。那么,子女能不能干涉父母的婚姻呢?

我国实行的是婚姻自由的原则,老年人的婚姻自由也受法律保护。子女或者其他亲属不得干涉老年人离婚、再婚及婚后的生活。

并且,子女的赡养义务并不会因父母婚姻关系的变化而消除。所以,如果苏父再婚,苏家3个子女依然要对苏父尽赡养义务。

【法律依据】《老年人权益保障法》第21条

250. 老人可以把财产送给外人吗?

陈某和保姆再婚后,他的3个子女就与他断绝了往来。保姆在婚后尽心尽力照顾陈某,在长期相处中,陈某觉得他和保姆之间是真心的。保姆有个成年的女儿,已经成家了,时常来看望母亲和陈某,给他们买很多补品和生活用品,有时还给陈某生活费。长久以往,他们更像是一家人。后来,陈某病了,3个子女来看望一次后就再也没有过问,也是保姆和女儿一直无微不至地照顾他。陈某病愈后,想把自己的房子留给保姆和她的女儿,但保姆的女儿表示无功不受禄。陈某想知道,他能不能把房子送给保姆的女儿。

任何人对自己的财产都有自由处分的权利。老年人对个人的财产,也依法享有占有、使用、收益和处分的权利;子女或者其他亲属不得干涉,不得以窃取、骗取、强行索取等方式侵犯老年人的财产权益。

陈某完全可以自由处分自己的房子。他既可以通过签订赠与合同的方式赠与保姆的女儿,也可以与她签订遗赠扶养协议,约定由她承担陈某的生养死葬,等陈某去世后,接受陈某遗赠的财产。

【法律依据】《老年人权益保障法》第22条

251. 老人为何梦断"以房养老"?

王奶奶在公园锻炼时收到业务员发放的关于提供老年人养老服

务的传单，出于想改善养老生活的好奇心，便开始了解这项服务。经过业务员的"循循善诱"，王奶奶慢慢开始接受"以房养老"这个概念。

最终，在养老公司的指导下，王奶奶与朱玉签署抵押借款合同，把房子抵押给朱玉并办理了抵押登记手续，朱玉以抵押房产的估值向王奶奶提供300万元的借款，利息为月息2%，年化24%。

在办理抵押借款合同的同时，王奶奶与养老公司签署了"资产养老服务产品"合同，将自己与朱玉的300万借款直接购买了养老公司名下一款叫"月月薪"的产品，养老公司承诺"月月薪"一年期的预期年化收益率为5%，每个月的养老金为12 500元，还承诺王奶奶每个月要给朱玉的利息也由养老公司支付。

签订合同后，王奶奶每个月都能收到养老公司转来的"养老金"。王奶奶觉得"以房养老"的理念很好，这笔买卖很划算。但5个月后，她再也没收到养老公司转来的钱了。她多次联系公司，都没有回应，这才意识到可能被骗了。正在懊悔时，朱玉要求王奶奶尽快归还借款，否则就要对王奶奶的房子采取保全措施。

王奶奶急了，经过多番了解才知道自己与养老公司签订的"以房养老"合同并非真正的"以房养老"。

真正的"以房养老"，主要是指"反向抵押养老保险"，即投保人依合同约定，将其房产抵押给依法设立并取得资质的保险公司，保险公司接受房产抵押，并按照约定条件向投保人支付养老金。国家对保险公司资格条件、产品管理、业务宣传、销售人员和销售过程管理等都有明确和具体的规定。

王奶奶终于明白自己陷入了圈套，可是为时已晚。王奶奶既没有拿到一分钱借款，还要为此背负300万元的债务和每月2%的利息，梦断"以房养老"。

四、监护

252. 未成年人的监护人可以变更吗？

2012年，小丫出生，小丫的妈妈并不确定她的生父是谁，在小丫的出生医学证明父亲一栏上写了曾经同居的王某的名字。小丫出生后就一直跟随外公外婆生活，妈妈几乎不管小丫，而名义上的父亲王某也早已失去了联系。

由于小丫的妈妈早年嫁了个台湾人，取得台湾居民身份，王某又不知所踪，小丫的户口一直悬而未决，一直由外公外婆在家自行教育。外公外婆也曾尝试为小丫申请台湾居民资格，但也因各种原因没有办成。

2018年12月，小丫的妈妈因贩卖毒品罪被判处有期徒刑12年。小丫的外公外婆经多方努力，终于找到了王某。但是，通过DNA检测，王某并非小丫的生父。2019年，小丫7岁了，到了上小学的年龄，却仍因没有户口而无法入学。为了尽快解决小丫的抚养和上学问题，外公外婆只得向法院提出监护权变更申请。

法院受理后，与正在服刑的小丫妈妈进行了沟通，征求她的意见，她表示自己没有能力抚养孩子，同意由其父母行使对小丫的监护权。法院认为，根据法律规定，父母是未成年子女的法定监护人。如果未成年人的父母已经死亡或者没有监护能力的，由下列有监护能力的人按顺序担任监护人：（1）祖父母、外祖父母；（2）兄、姐；（3）其他愿意担任监护人的个人或者组织，但是须经未成年人住所地的居民委员会、村民委员会或者民政部门同意。本案中，小丫是未成年人，她的父母因故都不能履行监护职责。外公外婆愿意承担监护责任，但因他们不是法律上的监护人身份，导致小丫的户口、就学、财产维护等合法权益都无法实现，为尽快终止小丫的监护空白期，真正维护小丫的合法权益，法院判决小丫的监护人变更为其外公外婆。

【法律依据】《民法典》第27条

253. 法定监护人资格可以撤销或者恢复吗？

小虎的母亲阿芳赌博成瘾，对小虎不管不问，没有尽到监护责任，后来因欠赌债逃走，下落不明，导致小虎长期处于无人监管状态。一天，小虎从学校放假后，流落街头，被民警发现，邻居出于好心将小虎带回家里，照顾其生活。阿芳因赌博罪被法院判处有期徒刑3年，她的房屋也被拍卖。

阿芳作为小虎的法定监护人，因犯罪在监狱服刑，客观上无法对小虎履行监护职责，且阿芳于服刑前即对小虎不予照顾、不提供生活来源，致使小虎处于无人监管和照看的状态，严重侵害了其身心健康，属于可撤销监护人资格的情形。当地检察院以检察建议的形式，督促民政局向法院提起撤销阿芳监护人资格之诉。

法院判处撤销阿芳监护权，指定民政局为监护人，并在拍卖阿芳房产的款项中为小虎预留足够的生活、就学等费用。

如果阿芳出狱后诚心悔改，希望继续抚养照顾小虎，她的监护人资格还可以恢复吗？

法律规定，被监护人的父母或者子女被人民法院撤销监护人资格后，除对被监护人实施故意犯罪外，确有悔改表现的，经其申请，人民法院可以在尊重被监护人真实意愿的前提下，视情况恢复其监护人资格，人民法院指定的监护人与被监护人的监护关系同时终止。

【法律依据】《民法典》第36条、第38条

254. 成年人可以有监护人吗？

王爷爷是个孤寡老人，年纪大了，腿脚不便，生活上遇到很多困难，邻居小李为人热心，经常到王爷爷家看望他，陪他聊天，帮王爷爷买米买油，照顾起居生活。在外人看来，两人就像一对父子。

王爷爷心想自己年纪大了，以后病重或者意识不清，可能会没有人照顾，他正愁着的时候，听到广播里说成年人也可以有监护人。

可是哪些人是自己的监护人呢？他想让小李作为自己的监护人，但是不知道可不可行。

监护制度不仅适用于未成年人，还适用于成年人，如果成年人无民事行为能力或者限制民事行为能力，如年老、重病等，也是需要监护人的。这种情况下，成年人的监护人由具备监护能力的人按照顺序担任：

第一顺序：配偶；

第二顺序：父母、子女；

第三顺序：其他近亲属；

第四顺序：其他愿意担任监护人的个人或者组织，但是须经被监护人住所地的居民委员会、村民委员会或者民政部门同意。

没有依法具有监护资格的人，则由民政部门担任，也可以由具备履行监护职责条件的被监护人住所地的居民委员会、村民委员会担任。

对王爷爷来说，目前他还具备完全民事行为能力，小李还不能成为他的法定监护人。如果王爷爷生病或者有失去全部或者部分民事行为能力的情况，按照上面的顺序确定他的监护人，如果王爷爷没有前三个顺序的监护人，而小李还愿意担任监护人的话，需要到王爷爷住所地的居民委员会或村民委员会、民政部门办理相关手续。

【法律依据】《民法典》第28条

255. 监护人可以指定吗？

有一位孤寡老人李爷爷，已经83岁，原来他一直住在养老院。可是有一天，养老院的工作人员突然告诉他，养老院住不了了，除非有监护人为他办理住院手续。可是李爷爷无儿无女，妻子早已去世，谁来做他的监护人呢？

崔先生是李爷爷的邻居，从2006年就开始时常探望、照顾李爷爷，在得知李爷爷没有监护人住不了养老院的情况后，毫不犹豫地答应了李爷爷让他担任监护人的请求。很快，崔先生就陪同李爷爷办理了意定监护协议公证，没有血缘关系的崔先生成为李爷爷的监护人。

意定监护，是指具有完全民事行为能力的成年人，可以与其近亲属、其他愿意担任监护人的个人或者组织事先协商，以书面形式确定自己的监护人。协商确定的监护人在该成年人丧失或者部分丧失民事行为能力时，履行监护职责。

简单来说，意定监护就是成年人可以在意识清楚的时候，书面指定一个人，可以是亲属，也可以不是亲属，作为自己失能后的监护人，照顾自己的生活，处置自己的财产、权利等。

对于成年人来说，尤其是老年人，选定意定监护人，是为了更充分地保障老人的养老权益，未来如果有相关赡养或者财产纠纷的话，意定监护人能够保护被监护人的人身权利、财产权利和其他合法权利。

意定监护，一般是通过公证来确定，为了防止监护人滥用职责、吞并财产，公证处在意定监护协议公证中具有监督职责，可以将当事人的财产提存到公证处的专用账户，由公证处支付必要的支出。

【法律依据】《民法典》第33条；《老年人权益保障法》第26条

五、继承

256. 哪些是被继承人的遗产？

李大爷是某单位的职工，育有2子1女，平时和最小的女儿一起生活。李大爷立了一份遗嘱，把名下的财产、将来死后的抚恤金等都归小女儿继承。后来，李大爷去世了，单位发放了20万元抚恤金。关于该笔抚恤金分配问题，李大爷的两个儿子和女儿产生争议，两个儿子要求和妹妹平分抚恤金。李大爷的小女儿则认为，父亲已经立了遗嘱，明确抚恤金由她一人继承，因此两个哥哥无权要求分割这部分遗产。

《民法典》规定：遗产是公民死亡时遗留的个人合法财产。

包括但不限于：

（1）公民的收入；

（2）公民的房屋、储蓄和生活用品；

（3）公民的林木、牲畜和家禽；

（4）公民的文物、图书资料；

（5）法律允许公民所有的生产资料；

（6）公民的著作权、专利权中的财产权利；

（7）公民的其他合法财产，如有价证券、履行标的为财物的债权、承包人死亡时尚未取得的收益等。

死亡抚恤金产生于死者死亡后，是死者生前所在单位给予死者家属的具有慰问和经济补偿性质的费用，抚恤金的给付对象为死者家属，是死者近亲属的共有财产，不属于遗产。因此，李大爷无权以遗嘱的形式处分抚恤金，应归儿子和女儿共同所有。死亡抚恤金原则上应均等分割，但李大爷平时和小女儿一起生活，小女儿尽赡养义务较多，小女儿可适当多分。

【法律依据】《民法典》第1122条

257. 遗产应按什么顺序继承？

小明的爸爸意外去世了，没有留下任何遗嘱，只留下200万元的存款。小明的爷爷奶奶认为，他们年老体弱，应得到儿子的全部遗产。小明的妈妈则认为，她是配偶，小明是儿子，他们俩才是法定继承人，而且小明是未成年人，小明应得的部分也归母亲，因此，小明爸爸留下的200万元都归她。小明的姑姑认为，她是妹妹，而且她目前还没有经济来源，生活比较困难，她也应该分得哥哥的部分遗产。小明的家人所说的是否符合法律规定呢？

继承的方式可以分为法定继承、遗嘱继承、遗赠、遗赠扶养协议等。

公民有权自由处分自己的合法财产，可以立遗嘱指定由法定继承人的一人或者数人继承；或者把财产赠给国家、集体或者法定继承人以外的人；还可以与扶养人签订遗赠扶养协议，约定扶养人负责生养死葬,同时有权享有遗赠的财产。

继承开始后,有遗赠扶养协议的,按照协议办理;有遗嘱的,按照遗嘱继承办理;没有遗嘱的按照法定继承办理。

法定继承有先后顺序:

第一顺序:配偶、父母、子女。

第二顺序:兄弟姐妹、祖父母、外祖父母。

继承开始后,先由第一顺序继承人继承,第二顺序的继承人不继承。没有第一顺序继承人的,则由第二顺序继承人继承。

因为小明的爸爸没有留下任何遗嘱,所以应按照法定继承处理遗产。先划分出夫妻共同财产中的遗产部分,该遗产由小明的妈妈、爷爷奶奶、小明共同继承,一般情况是均等分配,如果他们中有人生活很困难又缺乏劳动能力的,可以适当予以照顾。

【法律依据】《民法典》第1123条、第1127条、第1133条、第1158条

258. 不是法定继承人可以获得遗产吗?

王爷爷有两个儿子,但长年对王爷爷不管不顾。王爷爷独自住在一套一居室里,日常生活主要由热心的邻居小李照顾。王爷爷没有生活来源,小李还经常给王爷爷生活费,有时王爷爷要看病,医疗费也是小李出的。小区的邻居们都看在眼里,还说王爷爷和小李不是父子胜似父子,这种状态维持了7年之久。后来王爷爷因病去世,王爷爷的两个儿子要继承王爷爷的这套居室,小李认为自己长期赡养王爷爷,也应分得王爷爷的部分遗产。小李并不是王爷爷的法定继承人,他有权继承王爷爷的遗产吗?

我国《民法典》规定:对继承人以外的依靠被继承人扶养的人,或者继承人以外的对被继承人扶养较多的人,可以分给适当的遗产。而对被继承人生活提供了主要经济来源,或在劳务等方面给予了主要扶助的,应当认定其尽了主要赡养义务或主要扶养义务。

本案中,小李虽然不属于王爷爷的法定继承人,但在7年的时间里,小李不仅照顾王爷爷的生活起居,还负担了王爷爷的生活费

用及医疗费用。王爷爷的两个儿子却从未向小李支付过报酬或者补偿小李,可以认定小李是"继承人以外的对被继承人扶养较多的人",有权适当分得王爷爷的遗产。

【法律依据】《民法典》第 1131 条

259. 未出生的胎儿有继承权吗?

小明的爸爸意外去世后,小明的妈妈发现自己已经怀孕了,因此,小明的妈妈认为,在分配小明爸爸的遗产时,肚子里的孩子也有一份。

未出生的胎儿是否有继承权呢?

《民法典》规定,遗产分割时,应当保留胎儿的继承份额。没有保留的,应当从继承人所继承的遗产中扣回。如果胎儿顺利出生,那么该保留份额属于胎儿所有。

小明的妈妈成功为肚里的孩子争取到了一份遗产。但是,她因为小明爸爸去世的事情伤心过度,导致胎儿出现异常,在 7 个月的时候不得不实施引产手术,孩子未能顺利来到世间。这时,预留的这份遗产怎么处理呢?

《民法典》规定,如果胎儿出生时是死体的,保留的份额按照法定继承办理。即由小明爸爸的法定继承人按顺序继承。

【法律依据】《民法典》第 1155 条;《继承编解释(一)》第 31 条

260. 私生子有继承权吗?

小明的爸爸去世后,一家人正在为遗产分割问题吵得不可开交时,一位自称是小明爸爸私生子的小强出现了,他主张也应作为第一顺序继承人分得小明爸爸的遗产。小明一家人开始并不认可小强的身份,后来小强拿出了一份亲子鉴定报告,确认他和小明爸爸是父子关系。这时,小明一家人便以私生子没有继承权为由拒绝让小强参与遗产分配。小强能否继承遗产呢?

《民法典》规定的第一顺序继承人中的父母,包括生父母、养父母和有扶养关系的继父母;子女包括婚生子女、非婚生子女、养子女和有扶养关系的继子女。第二顺序继承人中的兄弟姐妹，包括同父母的兄弟姐妹、同父异母或者同母异父的兄弟姐妹、养兄弟姐妹、有扶养关系的继兄弟姐妹。

"私生子"是非婚生子女，我国《民法典》规定，非婚生子女与婚生子女一样，享有平等的继承权。因此，尽管小强是"私生子"，他也属于法定的第一顺序继承人。

【法律依据】《民法典》第1127条

261. 儿媳妇和孙子有继承权吗？

刘爷爷和刘奶奶是夫妻，他们有三个子女大刘、二刘和小刘，刘爷爷和刘奶奶与二刘一起住。二刘2015年因车祸去世，留下媳妇马兰花和儿子小明。二刘去世后，马兰花一直留在家照顾小明和公婆。大刘和小刘常年在外地工作和生活，很少回家。2019年刘奶奶因病死亡。刘奶奶去世时，刘爷爷和刘奶奶共有银行存款50万元，还有一套120平方米的商品房。小刘因在外混得不好，想回来分一部分遗产以解燃眉之急，刘爷爷不同意，于是小刘到法院起诉要求和大刘、刘爷爷三人均分50万元和房子。但刘爷爷想把房子给马兰花和小明。

马兰花是否有继承权呢？《民法典》规定，丧偶儿媳对公婆，丧偶女婿对岳父母，尽了主要赡养义务的，作为第一顺序继承人。马兰花在二刘去世后对公婆尽到了主要的赡养义务，依法享有继承权。主要赡养义务是指对被继承人生活提供了主要经济来源，或者在劳务等方面给予了主要扶助。

小明是否有继承权呢？二刘先于刘奶奶去世，这时可以由二刘的晚辈直系血亲代位继承。因此，小明也有继承权，但只能继承二刘有权继承的遗产份额。

因此，50万元和这套商品房应该按照如下方式分割：

首先，刘爷爷作为刘奶奶的配偶，先分得夫妻共同财产的一半25万元存款和房屋产权的一半。剩下的部分作为遗产，由刘爷爷、马兰花、小明、大刘和小刘各分得5万元现金、房屋1/10的产权。

【法律依据】《民法典》第1129条；《继承编解释（一）》第19条

262. 网络上盛传"独生子女无法继承父母的房产"，是真的吗？

小丽是父母的独生女儿，父亲10年前去世，母亲今年刚过世，父母亲生前留下一套127平方米的房子。

父母都过世后，小丽想要把房屋过户到自己名下，咨询律师才发现，按照法律规定，父亲过世时奶奶仍在世，她有权继承儿子的部分遗产。

奶奶过世后，她的遗产由大伯、二伯和姑姑等继承，这导致了小丽无法全额继承父母的房产。

所以仔细看看，这个案例跟"独生子女无法继承父母房产"完全不是一回事。其实，按照我国《民法典》的规定，配偶、子女、父母同为第一顺序的法定继承人，因此，独生子女本就不是父母财产的唯一继承人。

【法律依据】《民法典》第1127条

263. 先后立了多份遗嘱，哪份有效？

叶某与张某夫妻二人育有3个子女叶甲、叶乙、叶丙。2015年，叶某因病卧床不起，3个子女对老人照顾周到。二老为了防止去世后，子女因财产发生争执，经过商量，决定用遗嘱方式处分自己的财产。但究竟应将财产赠与哪个子女，二老无所适从。因为拿不定主意，两位老人先后立下了3份遗嘱，其中，第一份为录音遗嘱，老人请了两位老朋友为他们见证，立下了遗嘱；第二份为公证遗嘱，由两位老人亲赴公证机关办理；第三份自书遗嘱，两位老人自己书写，也签上了名字和日期。3份遗嘱先后将财产继承权分别归于叶甲、叶乙、叶丙。2018年，两位老人相继去世，3份遗嘱也大白于世。但3个子女对于应当由谁继承财产，争执不下。最终诉至法院，法院判决公证遗嘱合法有效，财产由叶乙继承。

《民法典》规定，遗嘱有公证遗嘱、自书遗嘱、代书遗嘱、打印遗嘱、录音录像形式立的遗嘱、口头遗嘱。如果同时立有多份遗嘱，内容相抵触的，以最后的遗嘱为准。《民法典》于2021年1月1日施行。《民法典》施行后并非公证遗嘱效力优先，只要遗嘱形式是合法的，应当按照最后的遗嘱来执行。

【法律依据】《民法典》第1142条

264. 遗嘱怎么写才有效呢？

不同形式的遗嘱要求是不同的。

公证遗嘱：到公证机关办理，取得遗嘱公证书。

自书遗嘱：应当由遗嘱人亲笔书写，签名，注明年、月、日。

代书遗嘱：应当有两个以上见证人在场见证，由其中一人代书，注明年、月、日，并由代书人、其他见证人和遗嘱人签名。

打印遗嘱：打印遗嘱应当有两个以上见证人在场见证。遗嘱人和见证人应当在遗嘱每一页签名，注明年、月、日。

录音录像遗嘱：应当有两个以上见证人在场见证。遗嘱人和见证人应当在录音录像中记录其姓名或者肖像，以及年、月、日。

口头遗嘱：应当有两个以上见证人在场见证。危急情况消除后，遗嘱人能够以书面或者录音录像形式立遗嘱的，所立的口头遗嘱无效。

遗嘱人立遗嘱时必须具有完全民事行为能力。无民事行为能力人或者限制民事行为能力人所立的遗嘱，即使其本人后来具有完全民事行为能力，仍属无效遗嘱。

应特别注意，下列人员不能作为遗嘱见证人：（1）无行为能力人、限制行为能力人以及其他不具有见证能力的人；（2）继承人、受遗赠人；（3）与继承人、受遗赠人有利害关系的人。继承人、受遗赠人的债权人、债务人，共同经营的合伙人，也视为与继承人、受遗赠人有利害关系。

因此，订立不同形式的遗嘱要注意遗嘱的生效要件，否则遗嘱不生效。

【法律依据】《民法典》第1134—1140条；《继承编解释（一）》第24条、第28条

265. 篡改遗嘱会丧失继承权吗？

王阿姨有一个儿子、一个女儿。女儿对王阿姨很孝顺，但儿子则相反。王阿姨偷偷写下一份遗嘱，把大部分遗产给女儿，只留一小部分给儿子。有一天，儿子无意中发现了这份遗嘱，并偷偷地把遗嘱改成遗产大部分给儿子继承，只留一小部分给女儿。王阿姨的儿子是否因为篡改了遗嘱而丧失继承权呢？

我国《民法典》规定，继承人有下列行为之一的，属于相对丧失继承权的情形，继承人确有悔改表现，被继承人表示宽恕或事后在遗嘱中将其列为继承人的，继承人可以不丧失继承权：（1）遗弃被继承人，或者虐待被继承人情节严重；（2）伪造、篡改、隐匿或者销毁遗嘱，情节严重；（3）以欺诈、胁迫手段迫使或者妨碍被继承人设立、变更或者撤回遗嘱，情节严重。

"虐待被继承人情节严重"，可以从实施虐待行为的时间、手段、后果和社会影响等方面认定。继承人伪造、篡改、隐匿或者销毁遗嘱，侵害了缺乏劳动能力又无生活来源的继承人的利益，并造成其生活困难的，应当认定为"情节严重"。

但是，如果继承人有以下两种行为之一的，则绝对丧失继承权，不得因被继承人宽恕而取得继承权：（1）故意杀害被继承人；（2）为争夺遗产而杀害其他继承人。故意杀害被继承人，包括既遂和未遂。

案例中，如果王阿姨的儿子确实明白自己的错误，并有悔改表现，而王阿姨又愿意原谅儿子，那王阿姨的儿子就不会丧失继承权。

【法律依据】《民法典》第1125条；《继承编解释（一）》第6条、第9条

266. "父债子还"有法律依据吗？

小明的父亲大明生前是做生意的，2015年向老王借了100万元用作资金周转，约定借款期限为半年。因生意亏损，大明没能按约偿还欠款。2016年，大明因意外身亡。在老王的催讨下，小明已将父亲遗留的财产全部变卖用于偿还欠款，但最终仍欠老王20万元，

小明表示自己无力偿还。老王认为,"父债子还、天经地义",随后,老王起诉小明,要求小明代大明偿还剩下的 20 万元。

"父债子还"真的是"天经地义"吗?

《民法典》规定,继承遗产应当清偿被继承人依法应当缴纳的税款和债务。缴纳税款和清偿债务以遗产的实际价值为限,超过遗产实际价值部分,继承人自愿偿还的不在此限。继承人放弃继承的,对被继承人依法应当缴纳的税款和债务可以不负偿还的责任。

因此,小明已将父亲的遗产全部用于偿还债务,没有从父亲那里继承到遗产,小明没有义务偿还父亲剩下的 20 万元债务。

【法律依据】《民法典》第 1161 条、第 1163 条

267. 代位继承和转继承是什么意思?

代位继承,是指被继承人的子女先于被继承人死亡的,由被继承人的子女的直系晚辈血亲代位继承。被继承人的兄弟姐妹先于被继承人死亡的,由被继承人的兄弟姐妹的子女代位继承。代位继承人一般只能继承被代位继承人有权继承的遗产份额。代位继承人不受辈数的限制。若继承人丧失继承权的,其晚辈直系血亲不得代位继承。

转继承,是指继承开始后,继承人没有表示放弃继承,并于遗产分割前死亡的,其继承遗产的权利转移给他的合法继承人。

假设甲乙丙丁是祖孙 3 代,甲是乙和丙的父亲,乙是丁的父亲,且他们没有其他继承人。

假设乙早于甲不幸去世,当甲去世时,甲的遗产应由乙继承的部分,则由丁来代位继承。

假设甲、乙均已去世,之后丙去世,丙的遗产因没有第一顺序继承人继承,乙作为第二顺位继承人先于丙去世,那么应由乙继承的部分则由丁来代位继承。

假设甲死亡后,在遗产分配前,乙也死亡,甲的遗产应由乙继承的部分,则由丁来转继承。

【法律依据】《民法典》第 1128 条、第 1152 条

第九章 人格权

人格尊严与生俱来，是人之为人的基本价值和内容。尊重和保护人格权，公民才能有尊严地生活。

268. 报道他人的违法行为合法吗？

李先生骑自行车上班途中，见一名男子不顾车来人往，翻越护栏横穿街道，随即拿起手机拍下几张照片，传给了当地一家报社。报社当即选择了其中的一张照片，写成新闻报道，次日刊登在报纸上。由此导致该男子一下子成了"明星"，被熟人调侃、讥笑。该男子认为，李先生和报社侵犯了其名誉权。

为实施新闻报道，不可避免地制作、使用、公开肖像权人的肖像，可以不经肖像权人同意。但如果因新闻报道严重失实，致他人名誉受到损害的，应按照侵害他人名誉权处理。

该名男子之举系违法行为，而李先生和报社新闻报道并没有失实，没有侵犯该名男子的名誉权。

【法律依据】《民法典》第1020条

269. 被踢出微信群，能主张精神损害赔偿吗？

小方因琐事在微信聊天时与小郑发生争执，小郑向小方发送"神经"等词汇，引起小方的不快。后来，小方经医院诊断为焦虑症，又看到小郑在微信群里示意群主将小方移出群聊。小方认为，小郑的行为侵害了其人格权，造成其患上焦虑症，遂起诉到法院，要求小郑赔礼道歉、赔偿损失10000元。

法院认为，小郑示意群主将小方移出群聊的行为，属于提示群主履行互联网群组管理职能，小郑使用"神经"词汇以及在微信群里授意群主将其移出群聊的行为，并未对小方的品德、名誉等造成负面评价，没有达到损害小方人格尊严的必要限度。小郑使用"神经"词汇与小方被诊断为焦虑症的后果不存在因果关系，不符合侵权行为的构成要件，故小方要求小郑赔礼道歉并赔偿损失的诉讼请求，无事实和法律依据，法院不予支持。

270. 兜售公民个人信息构成侵权吗？

王五是无业游民，有一天，王五发现网络上有人购买快递单上的个人信息，闲来无事，王五就经常自己到快递站收集快递单上的

身边的 法律顾问

信息,或者直接通过 QQ 等聊天工具,向网络上名为"出快递单"的卖家低价购买公民个人信息,再转卖给需要购买这些信息的买家牟利。

王五非法买卖公民个人信息数十万条,非法获利 8000 元。案发后,法院以王五犯侵犯公民个人信息罪为由,依法判处王五有期徒刑一年六个月,并处罚金 8000 元。

个人信息是以电子或者其他方式记录的能够单独或者与其他信息结合识别特定自然人的各种信息,包括自然人的姓名、出生日期、身份证件号码、生物识别信息、住址、电话号码、电子邮箱、健康信息、行踪信息等。

自然人的个人信息受法律保护。未经权利人同意,私自兜售各类公民个人信息,是对公民个人隐私及人身、财产安全的侵犯,权利人有权要求兜售者承担停止侵害、消除危险、赔偿损失、赔礼道歉等民事责任。

违反国家规定,向他人出售或者提供公民个人信息,情节严重的,还可能构成侵犯公民个人信息罪。

【法律依据】《民法典》第 1034 条;《刑法》第 253 条之一

271. 发现个人的信用评价不当该如何处理呢?

张某捡到王某的身份证,便伪造王某的身份,向某银行信用卡中心邮寄申请材料,申请了一张信用卡。某银行信用卡中心根据张某伪造的信息,通过电话方式进行了审核,并向张某发放了户名为王某的信用卡。张某拿到信用卡后恶意透支消费,导致王某被某银行列入不良信用名单。王某得知后,向公安机关报案,张某向银行归还了透支款,某银行信用卡中心才将王某的不良信用记录删除。

王某随后向法院起诉,要求张某及某银行信用卡中心赔偿其精神损害抚慰金、交通费等损失。

法院认为,张某擅自以王某的名义申请办理信用卡,并恶意透支,其行为侵犯了王某的姓名权,并导致其信用受到贬损。而某银行信用卡中心收到客户以邮寄方式取得的信用卡申请资料后,仅通过电话进行核实，即发放信用卡，导致王某被侵权，其未尽审查注意义务。法院最终判决王某遭受的损失包括交通费、精神损害抚慰金，由张某赔偿80%，由某银行信用卡中心赔偿20%。

《民法典》规定，民事主体可以依法查询自己的信用评价；发现信用评价不当的，有权提出异议并请求采取更正、删除等必要措施。信用评价人应当及时核查，经核查属实的，应当及时采取必要措施。

王某在得知自己的名字被银行列入不良信用名单后，有权要求张某返还透支款，并要求信用卡中心删除不良记录。因张某的行为导致王某被列入不良信用记录，客观上使王某的社会评价降低，损害了王某的个人信用，王某有权要求张某及信用卡中心赔偿。

【法律依据】《民法典》第1029条

272. 照相馆丢失照片，需要承担精神损害赔偿责任吗？

甲为纪念亡妻，将两人的婚纱照交给某照相馆翻印。照相馆收到照片后，因工作人员疏忽大意，将照片原件丢失。这是唯一一张有甲的亡妻留影的合影照片，甲没有其他底片和电子档留存。得知照片丢失后，甲悲痛欲绝。甲能否要求照相馆赔偿精神损失费？

我国《民法典》规定，因当事人一方的违约行为，损害对方人格权并造成严重精神损害，受损害方选择请求其承担违约责任的，不影响受损害方请求精神损害赔偿。但是，要求精神损害赔偿的范围需要在缔约双方的可预见范围之内。

以上案例中，甲将婚纱照交给照相馆翻印，双方之间形成合同关系，照相馆有义务妥善保管婚纱照。丢失的婚纱照是甲亡妻仅存的肖像载体，对甲有特殊的意义，照相馆的行为既违反合同义务，也侵犯了甲的人格权，甲有权要求照相馆对甲造成的精神损害承担相应的赔偿责任。

【法律依据】《民法典》第996条

273. 获悉隐私照片可能被公开，该如何制止呢？

张三和李四原本是好朋友，后来因琐事吵架，张三声称持有李四的不雅私密照片，如果李四不向张三道歉的话，张三会把李四的不雅私密照片放到某网站上。李四该怎么办？

张三和李四有口角之争，张三如果意气用事在网络上公开李四的私密照片是违法的。

隐私是指自然人的私人生活安宁和不愿为他人所知晓的私密空间、私密活动、私密信息。个人的隐私权受法律保护，任何组织和个人都不得以刺探、侵扰、泄露、公开等方式侵害他人的隐私权。

我国《民法典》规定，民事主体有证据证明行为人正在实施或者即将实施侵害其人格权的违法行为，不及时制止将使其合法权益受到难以弥补的损害的，有权依法向人民法院申请采取责令行为人停止有关行为的措施。如李四有证据证明张三正在实施或即将实施在网络上公开其私密照片的行为，李四有权向法院申请"停止侵害人格权禁令"。

如果李四的私密照片确已在网络公开，李四可以要求网络服务提供者立即采取删除、屏蔽、断开链接等必要措施。李四可以通过诉讼方式要求张三承担消除影响、恢复名誉、赔礼道歉等民事责任。

【法律依据】《民法典》第997条、第1032条

274. 公司可以用员工肖像做广告宣传吗？

小美是某公司的前台。有一天，公司拍摄了小美在前台工作时的照片，并为了推销产品制作了一本宣传资料向客户发放。公司事先并没有征得小美的同意，就在宣传资料中使用了小美工作的照片，也没有支付任何报酬，小美虽有不满，但碍于自己是公司员工，当时并未提出异议。后来小美从公司离职，小美发现公司仍在宣传资料中使用她的照片，于是起诉到法院，要求公司停止侵害其肖像权，并支付其肖像使用费5万元。

在法院的主持下，小美和公司调解结案。小美同意公司继续使用已经印有小美肖像的宣传材料，但公司以后新印刷的宣传资料不得再使用其肖像，公司向小美支付肖像使用费2万元。

自然人的肖像权受法律保护。未经肖像权人同意，不得制作、

使用、公开肖像权人的肖像。即便是公司员工的肖像，公司也不得随意使用。如果出于工作需要使用员工肖像的，应取得员工的书面同意，或者与员工签订肖像许可使用合同。

但是，某些合理实施行为，可以不经肖像权人同意。《民法典》规定有以下情形：

（1）为个人学习、艺术欣赏、课堂教学或者科学研究，在必要范围内使用肖像权人已经公开的肖像；

（2）为实施新闻报道，不可避免地制作、使用、公开肖像权人的肖像；

（3）为依法履行职责，国家机关在必要范围内制作、使用、公开肖像权人的肖像；

（4）为展示特定公共环境，不可避免地制作、使用、公开肖像权人的肖像；

（5）为维护公共利益或者肖像权人合法权益，制作、使用、公开肖像权人的肖像的其他行为。

【法律依据】《民法典》第1019条、第1020条

275. 买家秀变卖家秀，侵权了吗？

王妈妈在某网店买了一辆儿童三轮车给3岁的儿子玩，并在买家评论区上传了儿子骑车的照片。没过多久，王妈妈就在这家店铺中看到儿子骑脚踏车的照片被卖家用在产品展示页中，而且使用了王妈妈这张照片"打广告"的儿童三轮车月销量接近700件。儿子的照片未经同意就被用于网店宣传，王妈妈与店铺协商未果，将网店使用买家秀的证据进行公证保全后，起诉至人民法院，要求网店停止侵权并赔偿损失2万元。

法院认为，公民的肖像权受法律保护。某网店未经过王女士的同意，以营利为目的使用了王女士儿子的肖像，侵犯了王女士儿子的肖像权，应当停止侵权并赔偿损失2万元。

未经肖像权人同意，不得制作、使用、公开肖像权人的肖像。未成年人和成年人一样享有肖像权，以其肖像制作的照片、画像、

雕像、视频等，受到法律的保护。未经肖像权人的监护人同意，任何人都不得以营利为目的使用未成年人的肖像权。

消费者上网买了东西，拍了"买家秀"发到网店"带图点评"或者发到朋友圈、微博等社交平台，当下已经很平常，但这并不意味着他人可以"顺手"拿来使用。

【法律依据】《民法典》第1019条

276. 骂人需要负法律责任吗？

小张与小李供职于同一家企业，后两人由于工作琐事失和。小张离职以后仍对此耿耿于怀，遂私下通过微信、短信发送大量污辱性言论、图片骚扰小李。小李不堪其扰，将小张的电话、微信拉黑，小张又继续通过网络匿名短信的方式骚扰小李。小李因此以张某侵犯其名誉权为由，将小张诉至法院，要求其赔礼道歉并赔偿精神损失5000元。

名誉是对民事主体的品德、声望、才能、信用等的社会评价。法院认为，小张对小李进行辱骂，均是通过个人通讯渠道进行，不为社会公众所知，此种行为不会导致小李社会评价降低，因而未侵犯小李的名誉权，但侵犯了小李的人格尊严，在法律上属于一般人格权保护的范畴。小李对诉讼请求进行相应变更后，经过法院调解，小张认识到作为公民在与他人交往过程中应当对他人的人格予以充分尊重，否则就有可能承担相应的法律责任，认识到自己的错误，小张向小李赔礼道歉，并自愿赔偿小李1000元。

【法律依据】《民法典》第990条，第1024条

277. 给受种者注射新研制的抗病毒疫苗需要告知吗？

某医院研制出了预防流行病毒的疫苗，并向社会招募志愿者参加临床研究和试验，李超毫不犹豫地报名了。在注射疫苗之前，医护人员给了李超一份知情书，让李超详细阅读后签字。李超不明白为什么要签这份知情书。

《民法典》规定，为研制新药、医疗器械或者发展新的预防和治

疗方法，需要进行临床试验的，应当依法经相关主管部门批准并经伦理委员会审查同意，向受试者或者受试者的监护人告知试验目的、用途和可能产生的风险等详细情况，并经其书面同意。

某医院新研制的抗病毒疫苗，还处于试验阶段，需要履行告知义务，向受试者说明这是一个什么样的试验，试验的目的是什么，需要受试者配合做什么工作，试验过程中存在什么风险，研制机构对风险有什么应对措施等。李超作为某医院新研制的抗病毒疫苗项目的志愿者，有权了解疫苗的具体情况，医院应当在取得书面同意后才能给李超注射新疫苗。

【法律依据】《民法典》第1008条

278. 死者的名誉受法律保护吗？

2018年5月的一天，某消防中队副班长谢某在实施灭火救援行动中不幸牺牲。后来，公安部批准谢某为烈士并颁发献身国防金质纪念章，当地市政府追授谢某"灭火救援勇士"荣誉称号。谢某牺牲后的第三天，曾某因就职受挫、生活不顺等原因大量饮酒，其在醉酒后看到网友发表悼念谢某的消息，为发泄自己的不满，在网上公开发表一系列侮辱性言论，歪曲谢某英勇牺牲的事实。多名网友看到曾某的言论后转发。曾某的行为侵害了烈士的名誉，造成了较为恶劣的社会影响。当地检察机关以曾某侵害英雄烈士名誉为由，向法院提起对曾某的民事公益诉讼。

法院认定曾某的行为侵害了谢某烈士的名誉并损害了社会公共利益，当庭作出判决，判令曾某在判决生效之日起七日内在本地市级报纸上公开赔礼道歉。

《民法典》规定，死者的姓名、肖像、名誉、荣誉、隐私、遗体等受到侵害的，其配偶、子女、父母有权依法请求行为人承担民事责任；死者没有配偶、子女且父母已经死亡的，其他近亲属有权依法请求行为人承担民事责任。侵害英雄烈士等的姓名、肖像、名誉、荣誉，损害社会公共利益的，应当承担民事责任。

【法律依据】《民法典》第185条，第994条

编后语

民为邦本，本固邦宁。众望所归的《民法典》于2021年1月1日施行，民法典被誉为"社会生活的百科全书"，在法律体系中居于基础性地位，是新时代社会主义法治建设的重大成果，也是一部人民权利的法律宝典。孟德斯鸠说过，自由不是无限制的自由，自由是一种能做法律许可的任何事的权利。不管是为了拿起法律的武器保护自己的合法利益，还是为了明确底线、心存敬畏、避免犯错，我们都需要对身边的法律有所了解和掌握。

在这个时间点上，由黄怡、杨露等同志利用业余时间精心编撰的一本能够用通俗易懂的语言告诉我们这些"老百姓"怎样知法用法的好书出现了。这本书是黄怡等同志收集整理身边的同事、朋友遇到的与生活工作息息相关的法律问题以及大量的司法案例分类汇总编写而成。全书以一问一答的形式，结合颁布施行的《民法典》，把生硬、专业、枯燥的法律用语转化成普通老百姓能读得懂的文字。它可以帮助你预防生活中诸如买房买车这样的大额消费中不必要的法律纠纷；它可以帮助你在投资理财中躲开一些"陷阱"；它还可以帮助你了解作为一名劳动者受到法律的哪些保护。

在此，工会感谢作者的辛勤付出，为广大会员带来一本实用性极高的好书。

国网福建电力工会
2021年1月